FICHA CATALOGRÁFICA
(Preparada na Editora)

Jacintho, Roque, 1928-2004.

J13r   Rastros de dor / Roque Jacintho. Araras, SP, IDE,
1ª edição, 2016. (Edições Luz no Lar, São Paulo, SP)

288 p.

ISBN 978-85-7341-687-9

1. Romance 2. Espiritismo I. Título.

CDD -869.935
-133.9

Índices para catálogo sistemático

1. Romance: Século 20: Literatura brasileira 869.935
2. Espiritismo 133.9

RASTROS DE DOR

ROQUE JACINTHO
ROMANCE ESPÍRITA

Copyright © 2016,
Instituto de Difusão Espírita - IDE

Direitos licenciados pelo
Núcleo de Estudos Espíritas
"Amor e Esperança" - Luz no Lar
Rua dos Marimbás, 220 - Vila Guacuri
CEP 04475-240 - São Paulo (SP) - Brasil

1ª edição - 6.000 exemplares - maio/2016

ISBN 978-85-7341-687-9

Conselho Editorial:
Hércio Marcos Cintra Arantes
Doralice Scanavini Volk
Orson Peter Carrara
Wilson Frungilo Júnior

Coordenação:
Jairo Lorenzetti

Revisão ortográfica:
Mariana Frungilo Paraluppi

Capa:
Samuel Carminatti Ferrari

Diagramação:
Maria Isabel Estéfano Rissi

INSTITUTO DE DIFUSÃO ESPÍRITA - IDE
Av. Otto Barreto, 1067 - Cx. Postal 110
CEP 13600-970 - Araras/SP - Brasil
Fone (19) 3543-2400
CNPJ 44.220.101/0001-43
Inscrição Estadual 182.010.405.118
www.ideeditora.com.br
editorial@ideeditora.com.br

Todos os direitos reservados. Nenhuma parte desta publicação pode ser reproduzida, armazenada ou transmitida, total ou parcialmente, por quaisquer métodos ou processos, sem autorização do detentor do copyright.

RASTROS DE DOR

ROQUE JACINTHO
ROMANCE ESPÍRITA

ide *em parceria com* LUZ NO LAR

SUMÁRIO

Século XVI

ESPANHA
Primeira parte

1 - Acontecimentos 11
2 - Manolo de Castilhos 17
3 - Maria de Jesus 23
4 - Domingues 31
5 - Fernando de Castilhos 39
6 - O Rei Fernando 45
7 - Padre Damião 51
8 - Tramas 57
9 - Vida e morte 65
10 - Mão do destino 73
11 - Prisioneiro 79
12 - Na casa paterna 87
13 - Ordens reais 91
14 - Propósitos sinistros 99
15 - Tribunal da Inquisição 103
16 - No dia seguinte 109
17 - Dia fatal 113
18 - Três meses depois 119
19 - Surpresa e dor 125

Século XVIII

CAVERNAS DA DOR

Segunda parte

20 - Na Espiritualidade 135
21 - Depois da tempestade 139
22 - Onde não há luz 145
23 - Muitos anos depois 151
24 - Crise espiritual 157
25 - Reencontros 163
26 - Abrigo dos Castilhos 169
27 - Horizontes novos 175

Século XX

BRASIL

Terceira parte

28 - Vida nova 185
29 - Seis anos depois 191
30 - Conselho médico 197
31 - Experiência nova 203
32 - Culto do Evangelho 207
33 - Visita na Espiritualidade 213
34 - Visita médica 219
35 - Orientação 225
36 - Segundo filho 231
37 - Conflitos 237
38 - Luzes espirituais 243
39 - Cena doméstica 249
40 - Sinais no caminho 255
41 - O médium 261
42 - Mensagem do Além 267
43 - Sacrifícios 275

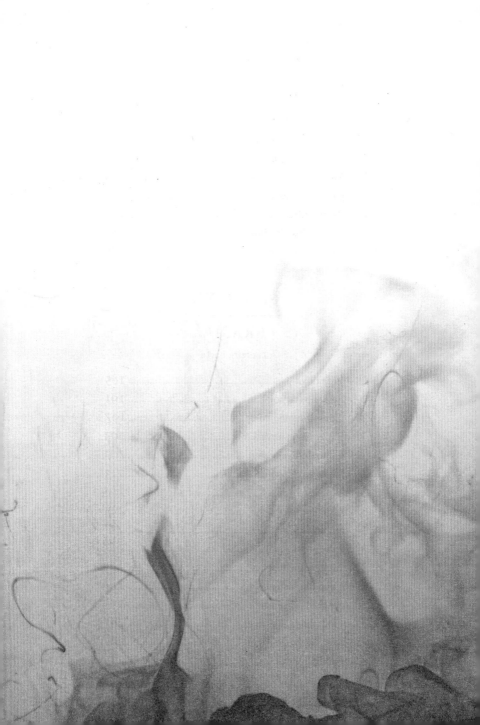

Século XVI
ESPANHA
Primeira parte

1
ACONTECIMENTOS

No aposento íntimo do Palácio de Castela, sozinho, o médico da família real, após mergulhar as mãos num vaso de água límpida, tomou uma toalha e as enxugou, demorando pensativamente o seu olhar sobre o corpo de Filipe, chamado o Belo, marido da Rainha Joana.

Suspirou e sentou-se desolado ao lado do corpo.

– Fui derrotado pela morte! – confessou-se pensativo.

– Vai... comunicar à Rainha? – indagou o camareiro.

Num gesto de cabeça, confirmando que faria a comunicação, o jovem médico colocou-se em pé e, hesitante, caminhou para abrir as portas do aposento.

Inspirou forte e, resoluto, saiu ao corredor externo.

Desceu as escadarias e penetrou pelo salão real.

– Então?! – interrogou-o Joana, a Rainha de Castela. – Como passa o meu Filipe?

O médico curvou-se, ajoelhando-se aos pés de Sua Majestade.

– Senhora! – falou respeitoso e temente. – A morte derrotou-nos!

Joana empalideceu, e seus olhos ficaram chamejantes.

– Que me diz?!

– Majestade, sabe que fiz tudo! Cheguei a clamar pelos Céus, quando a minha ciência parecia tropeçar com o fatalismo! E como não disponho de outras forças, além da medicina, deixei o corpo de Filipe no leito de sua inevitável morte!

A Rainha levantou-se aturdida.

– Maldito! – gritou a enfurecida Rainha. – Filipe não morreu!

Ministros e membros da corte se aproximaram.

– Filipe não morreu! – prosseguiu gritando Joana, subindo, em desabalada carreira, pela escadaria que levava aos aposentos reais. – Filipe me chama e espera por mim!

O camareiro a amparou junto às portas descerradas.

Joana o afastou, num gesto violento.

Correu, parando junto ao leito e demorando-se a ver o marido de olhos cerrados, sem cor nas faces e sem se mover para recebê-la, e jogou-se sobre o corpo inerte, num pranto convulsivo.

– Filipe! Filipe!

***

Nas catedrais, os sinos soavam tristemente. Pelas ruas da cidade, os moradores, tementes sempre das investidas desumanas e brutais da Inquisição, sabiam que aquele bimbalhar tristonho anunciava a morte de Filipe, o Belo.

– Como ficará nossa Rainha? – indagou alguém.

– Por certo – comentou outro, em baixa voz –, terminará mais louca ainda! E se não for ela, também, vítima de alguma traição e denunciada ao Santo Ofício como alguém possuída pelo demônio!

– Quem estará livre de uma traição?

– Ninguém está livre! Bastará alguém ter influência dentro do clero romano ou, então, que seja muito influente na Corte para tramar uma condenação religiosa. E, assim, poderá confinar a nossa infeliz Rainha em prisão perpétua ou, então, submetê-la à flagelação e à morte, na fogueira da Inquisição.

Um breve silêncio entre os que se confidenciavam.

※ ※ ※

O condutor parou a carruagem em frente ao Palácio Real. – Não faça isso, minha filha! – aconselhou Fernando, o pai da Rainha Joana. – Deixe-nos providenciar o enterro de Filipe, que quis a vontade de Deus tão cedo viesse a falecer.

– Coloquem Filipe na carruagem! – ordenou resoluta a transtornada Joana. – Atendam as minhas ordens!

O pai, Fernando, baixou os olhos.

O corpo de Filipe, o Belo, foi colocado no veículo.

Joana tomou assento ao lado do morto.

– Vamos! – ordenou ao cocheiro. – Leve-nos a viajar, que o meu Filipe quer rever a nossa Espanha! Afinal, sendo da Áustria, o meu príncipe de Flandres... não conhece bem a minha terra e as cidades de meu reinado.

E, botando a cabeça para fora, Joana ordenou:

– Que ninguém nos siga! Vou levar meu Filipe a conhecer os recantos de amor deste nosso feliz e eterno Reino!

E, assim, por muitas e muitas semanas, ao lado do corpo morto, que sofria os rigores da decomposição, Joana, A Rainha de Castela, perambulou, de cidade a cidade, com o corpo de seu marido.

– Quem vem lá? – indagavam alguns moradores das cidades por onde Joana passava, com o cheiro de corpo em putrefação tornando irrespirável o ar.

– É Joana, a rainha louca! – respondiam alguns.

2

MANOLO DE CASTILHOS

Uma viela tortuosa desenhada por sobrados atraentes.

Na madrugada, o compasso dos cascos de um cavalo, puxando um coche, mal despertou a curiosidade daqueles que desfrutavam as suas moradias nesse arrabalde da cidade.

O cocheiro parou a condução.

O passageiro saltou, rápido.

– Espere-me aqui – determinou Paco.

E o jovem, familiarizado com um daqueles sobrados silenciosos e sem luzes, abriu a porta e subiu pela escadaria de madeira, batendo discretamente com os nós dos dedos.

– Manolo! Manolo! – chamou em voz velada.

Dentro, no quarto às escuras, Isabel sacudiu seu companheiro.

– Que é?! – indagou Manolo, despertando sonolento.

– Alguém está aí fora!

Manolo colocou-se atento, chegando próximo da porta.

– Quem está aí?!

A voz, abafada pela porta, ergueu-se, acompanhada de leves batidas.

– Sou eu, Manolo! Abra esta maldita porta!

Manolo destrancou a porta sem se preocupar com as aparências de quem mal se levantara do leito, recolhendo Paco naquele dormitório em desalinho.

– Que houve? – indagou Manolo.

– Notícias de seu pai!

– O velho morreu? – indagou, displicente, Isabel.

– Cale esta boca! – determinou Manolo. – E trate de recobrir-se na cama, Isabel.

E Manolo, tomando Paco pelo braço, levou-o a um canto mais distante do leito, acendendo um candeeiro e, em seguida, passando as mãos pela cabeça, para rearrumar os cabelos em desalinho.

– Quais as notícias de meu pai? – indagou Manolo, frio.

– Seu velho está passando mal! Os médicos estão se revezando e lhe dando assistência! E, pelo que me parece e pelo que me disse a sua mãe, a vida dele está por um fio de cabelo!

– O desgraçado... sempre vence a morte! Quando se pensa que ele vai sair desta vida, alguma coisa lhe restabelece o vigor! E, novamente, fico frustrado e sem a herança que me faria o mais feliz dos mortais.

Isabel, saindo do leito, aproximou-se dos dois.

– Será... desta vez?! – exclamou, displicente, a jovem.

– Sei lá! – resmungou Manolo. – A morte dele parece uma história sem fim! E, com isso, minhas dívidas vão crescendo, e, se a morte não for rápida, nem amigos terei mais para as jogatinas!

– E... nosso casamento ficando adiado – lamentou-se Isabel. – Canso-me de esperar em vão!

– Cale-se, Isabel! – ordenou Manolo e, voltando-se para Paco, indagou: – Você tem alguma condução aí fora?

– Um cocheiro nos espera.

E, dirigindo-se a Isabel, Manolo ponderou:

– Saibamos esperar! Vou até a herdade de meu pai e, se a morte ocorrer, virei dizer-lhe, Isabel, a fim de que tracemos planos de riqueza para o nosso futuro.

Despedindo-se da jovem amante, Manolo desceu com Paco.

***

Acomodados na condução, sem serem ouvidos pelo cocheiro, Manolo abriu-se, em tom baixo, discreto, repleto de expectativas.

– Você sabe o bem que me faria a morte de meu pai!

Paco concordou, num resmungo:

– Seria uma festa para os seus credores! E seria uma glória para a sua amante, Isabel, que você tomaria por esposa, embora esbarrando com a oposição de sua mãe.

Manolo sorriu, malicioso.

– Isabel não se tornaria minha esposa, Paco! Apesar de eu fazer promessas a ela e, com isso, desfrutar da generosidade de seu amor, ela só poderá continuar a ser minha amante!

Paco admirou-se da frieza.

– Ela... não está em seus planos futuros?

– Ora, Paco! Maria, a minha mãe, desfrutaria grande parte das herdades de meu pai! Uma intrusa dentro daquele lar, como seria Isabel, colocaria minha mãe contra mim!

– Por Deus! Isabel sabe disso?!

– E por que deveria saber? Talvez, na ocasião oportuna, eu a dê em casamento a nosso amigo Ruiz, acompanhada de um bom dote! E, nos momentos propícios, longe de Ruiz, desfrutaremos momentos de ardente amor!

Paco soltou uma velhaca gargalhada.

– Que cabeça, Manolo! Quero continuar seu amigo, porque um inimigo como você seria um abismo infindável!

Manolo sorriu, frio e calculista.

3

MARIA DE JESUS

Manolo desceu do coche, despedindo-se de Paco.

Olhou a grande casa de seus pais, confirmando os temores de Paco diante das muitas candeias que se mantinham acesas nestas altas horas da madrugada.

Inspirou fundo.

Recompôs a sua fisionomia, assumindo ares de muita singeleza e interesse, transmutando-se quase que num outro ser, após apagar os traços de ironia e de incontida ambição.

– Quem sabe... já está morto!

Dirigindo-se à porta da imponente edificação, circundada por jardins e floridas pérgolas, ainda ajustou a sua máscara facial com um ar de apreensão e tristeza.

Serviçais estavam na entrada.

Abriram passagem ao fidalgo filho de Fernando de Castilhos, baixando os olhos e descobrindo-se, num gesto de profunda submissão e, ao mesmo tempo, de grande apreensão em relação a Fernando.

Sua mãe, Maria de Jesus, abriu-lhe a porta.

– Bem-vindo, filho!

– Paco correu avisar-me, mamãe! Disse-me que papai passava mal e, assim, interrompi nossos negócios na cidade para vir ao encontro seu e de papai.

Ambos entraram, e Manolo subiu as escadas amparando Maria.

– Como está ele, mamãe?

– Os médicos retiraram todas as esperanças – respondeu-lhe a mãe, controlando as suas mais íntimas emoções. – Sabe que fico preocupada, mas confiante em Deus!

– Oh! Sim, mamãe! Alguém veio dar-lhe a extrema-unção?

– Padre Damião esteve aqui, mas já se retirou.

No piso superior, ao passarem por uma sacada aberta, Manolo, como que farejando o ar, exclamou:

– Mau cheiro de corpo em putrefação, minha mãe!

– Olhe pela sacada e veja lá, à esquerda!

Manolo, surpreso de verdade, estremeceu.

– Aquele é o coche real, mamãe! Não será a nossa Rainha Joana, que percorre as cidades do nosso Reino com o corpo de Filipe, o morto?

– É Sua Majestade Joana, sim!

– Essa mulher está louca, minha mãe. Convém fazê-la sair de nossa propriedade para não empestar a tudo e a todos, não somente com o corpo de Filipe, que já deveria ter sido sepultado... mas também com a sua extremada loucura.

E, após ligeira pausa, Manolo completou:

– Joana deve estar possuída pelos demônios!

Maria suspirou, denotando compreensão e carinho.

– Não, filho! Ela está doente, isto sim! Muito doente, a pobrezinha!

Manolo sentia-se contrariado.

– Alguém deveria interná-la! – explodiu Manolo.

– Filho, essa mulher é digna de pena! Não sabemos por quais razões de amor ela não quer se afastar do próprio marido, que, por vontade de Deus, voltou à Vida Eterna!

O jovem resolveu calar-se.

Prosseguiram degraus acima, e um dos serviçais abriu a porta do aposento de Fernando de Castilhos, dando passagem a Maria e a Manolo.

Manolo estacou a curta distância.

O pai, num esforço sobre-humano, recostou-se em almofadas.

– Filho – saudou-o o pai, em voz trêmula e hesitante. – Deus abençoe o seu amoroso coração.

– Meu pai! – admirou-se Manolo, atirando-se em seus braços. – Pensei encontrá-lo sem vida!

– Estou em brigas com a morte – respondeu-lhe Fernando, entressorrindo. – E, até agora, não sei por quanto tempo triunfarei diante do chamamento do túmulo.

Manolo estava semidesconcertado.

– São muitos os que, entre os serviçais de nossa herdade, elevam as suas preces aos Céus, pedindo pelo meu reconforto e pela minha saúde, e, creio assim, que devo muito de minha vida a eles.

— Eles é que muito devem ao senhor, meu pai! Recebem comida, casa, bom soldo e, talvez por tudo isso, querem preservá-lo com vida, para que eles tenham mais regalias ainda!

E, após ligeira pausa, e já decepcionado, Manolo indagou:

— E os médicos, meu pai? E o Padre Damião?

Sorrindo, Fernando informou:

— Eles todos são mensageiros da morte! Não há de ver que o próprio Padre Damião já me encomendou a alma, traindo-me ao querer entregar-me a Deus?!

Maria estava descontraída.

Discreta e resignadamente, enxugava algumas lágrimas.

— Entre todos os que atenderam a seu pai, hoje pedi a presença de Domingues, o nosso prestimoso jardineiro.

– Domingues? Que tem ele, além da fama de bruxo?

– Ah, filho! – prosseguiu Maria. – O nosso Domingues já curou muita gente e, contrariamente a ser um feiticeiro ou bruxo, como você diz, ele é prestimoso colaborador nosso e muito devotado ao Nosso Senhor Jesus Cristo.

Manolo disfarçou a própria contrariedade.

Conhecendo a fama de Domingues, temia que esse jardineiro pudesse alongar a vida de seu pai e, com isso, retardar o seu plano de enriquecimento imediato.

Sentia que a fortuna lhe sairia por entre os dedos.

4
DOMINGUES

Manolo estava visivelmente perturbado. Pretextando interesse pela administração da herdade de seus pais, deixara a sua mãe, Maria de Jesus, informada de que ele percorreria todas as suas terras e propriedades, enquanto o pai estivesse enfermo.

Com os nós dos dedos, bateu na porta de Domingues.

Recebido com sorriso e grande respeito, pelo célebre jardineiro da casa paterna, demorou-se a examiná-lo, de cima a baixo, estremecendo a cada vez que se lembrava da fama de bruxo desse homem.

Sentado à cabeceira de tosca mesa, Manolo se defrontava com Domingues e, minuto a minuto, deixava-se invadir por traços de intranquilidade, sem saber definir o que lhe invadia a alma.

Poucos segundos depois, Manolo baixou os olhos.

Sentia-se desnudado, em sua alma, pelo olhar penetrante e vasculhador de Domingues e, num movimento instintivo, como que desejava recompor seus pensamentos e criar uma máscara de interesse.

Ali sentado, e incomodado, não articulava palavras.

– Afinal, que é que você quer, Manolo? – indagou o jardineiro.

O jovem, ainda mudo, respirava forte.

– Sei... – começou hesitante Manolo – que você foi chamado por minha mãe, a fim de dar vida a meu pai!

– É verdade! E devo atendê-la!

– Meu pai está velho, acabado! Creio que a morte lhe seria um descanso merecido após tantos anos de trabalho, de administração, de fadiga, junto a todos vocês que são seus trabalhadores!

– Todos morreremos um dia – destacou Domingues em voz pausada, e completou –, no entanto, esse dia é aquele que seja o determinado pela vontade de Deus!

E, após uma pausa, Domingues complementou:

– Não sabemos, pois, qual é o dia da Vontade Divina, no tocante a nossa vida e a nossa morte.

Manolo, de cabeça semiabaixada, em voz quase inaudível, contra-argumentou:

– Se temos que aguardar a Vontade de

Deus... não convém usar os seus conhecidos recursos de magia... de bruxaria... para retardar o cumprimento da Vontade Divina!

Domingues sorriu compreensivo.

— Os recursos de que disponho, trazendo os Bons Espíritos para alongar a vida ou dar saúde a quem a perdeu, tanto quanto seja possível, são, também, parte da manifestação dos Céus! Não contrario o Altíssimo, mas cumpro as disposições do Mais Alto!

E, para melhor informar, Domingues completou:

— Assim como dizem que Jesus Cristo estendeu suas mãos sobre os doentes e os curou, pela Vontade do Pai, assim também é o que faço ao chamar, a favor dos que sofrem, a Misericórdia Divina.

— Mas...

— Nada faço além disso, meu querido menino Manolo! De minha parte, de meu coração, transmito apenas as ondas de meu amor aos doentes, e o restante é o que vem de Jesus.

E, como que para evitar outras indagações, que lhe pareciam ociosas, Domingues deu um outro rumo ao entendimento:

– A sua mãe, Maria de Jesus, foi quem pediu que você me levasse ao leito de seu pai?

Manolo estremeceu.

– Não! No entanto, Domingues, posso levá-lo... até lá! Mas... eu queria que você não utilizasse as mágicas da bruxaria! Deixe que meu pai morra em paz!

E, numa bem fingida preocupação filial, Manolo complementou:

– Amo meu pai! E não quero vê-lo em sofrimentos prolongados.

Domingues, com a sabedoria que adquirira com a Vida e a Dor, em se apercebendo das verdadeiras intenções de Manolo, e como a lamentá-las, e querendo renovar a alma do jovem que se encontrava à sua frente, ponderou:

– Ninguém poderá violar as Leis Divinas, Manolo! E nem eu, com o que você chama de bruxedos, conseguiria burlar as disposições do destino e da vida de cada uma das pessoas.

– Mas... você quer interferir, onde os médicos já deram a palavra final!

– A palavra final de cada homem é segundo a cabeça e o coração de cada um de nós. E, por maior que sejam a nossa ciência e a nossa aparente sabedoria, somos um grão de areia diante das manifestações do Amor de Jesus, a favor de cada um de nós.

E, após longa pausa, Domingues complementou:

– Seu pai sempre foi um homem bom, de grande coração. Percorrendo estas propriedades, onde sou mero jardineiro, você encontrará muitas famílias e muitos corações que, em reconhecidos à bondade de seu pai Fernando, oram por ele, a favor dele, dia e noite!

Manolo colocou-se de pé, visivelmente contrariado.

– Está bem! Para mostrar-lhe que desejo o

melhor para meu pai, vou levá-lo para atender aos chamamentos de minha mãe!

– Não coloco em dúvidas seus sentimentos, filho! Apenas quis esclarecê-lo sobre as limitações de meus recursos espirituais para que não sejam criadas falsas esperanças, embora eu tudo espere para que se alongue ao infinito a saúde do nosso grande amigo e benfeitor Fernando.

Manolo tinha fel em sua alma.

Sabia, contudo, assumir falsos sentimentos.

Embora não pretendesse, deveria levar Domingues à casa de seu pai para ganhar mais confiança de sua mãe, já que tinha olhos apenas para a fortuna que o trabalho e a benevolência de Fernando fizera crescer.

Assim, caminhavam juntos, Manolo e Domingues, ao encontro de Maria.

5

FERNANDO DE CASTILHOS

UMA DAS SERVIÇAIS DA CASA DOS CAStilhos, em vendo que de longe vinham Manolo e Domingues, correu dar notícias a Maria de Jesus, levando-a a descer e colocar-se sob o umbral do palacete.

E, assim, quando o filho amado e o admirado Domingues se aproximaram da entrada daquele lar, foram recebidos por uma Maria de Jesus feita de doces e quentes emoções.

– Você trouxe o nosso Domingues – disse a jubilosa Maria, em cujo coração cresciam as flores da esperança. – Entremos!

Manolo, admirado, viu a sua mãe beijar as mãos calosas do jardineiro Domingues, num gesto que lhe pareceu de carinho e de amor excessivos.

"Este homem... é um perigo!", ruminou Manolo, no silêncio de seus tumultuados pensamentos. "Preciso ser mais cauteloso!"

Os três subiram as escadarias.

Adentraram ao aposento de Fernando de Castilhos, parando próximos ao leito e ouvindo a respiração difícil, um resfolegar ofegante, que rompia com o silêncio.

Era difícil, porém, vê-lo na obscuridade.

Maria, de pronto, dirigiu-se às janelas e entreabriu os cortinados pesados, deixando entrar luz e ar no aposento e permitindo que Fernando fosse visto por todos que ali estavam.

Domingues, quase de imediato, sentou-se à cabeceira do leito, com cada um de seus mínimos gestos acompanhados pelo olhar de contrariedade de Manolo.

– Fernando! – chamou íntima e amorosamente Domingues. – Fernando!

O doente, com esforço, abriu os olhos.

– Do... mingues!

– Vamos, meu amigo e pai de coração – prosseguiu Domingues, em doce e carinhosa intimidade –, vamos buscar, em Jesus, o tesouro da saúde.

– Vamos – balbuciou Fernando, com lágrimas a perolar-lhe os olhos. – Vamos... buscar... a bênção da Vida!

Maria, delicadamente, ajeitou as almofadas, procurando dar uma posição de conforto a seu esposo Fernando.

– Amigo... – falava o pai de Manolo, arfando o peito e ensaiando um pálido sorriso – A que... você veio?!

– Vim trazer-lhe a bênção de Jesus.

– Louvado seja o Nosso Senhor – mastigou

Fernando, enquanto o suor frio vertia de sua fronte. – Não sou digno... de evocar-lhe graças!

Domingues fechou os olhos, inspirou profundamente e estremeceu de leve sob o envolvimento de Espíritos Benfeitores que ali se encontravam.

Estava em oração!

Levantando a mão direita sobre a cabeça de Fernando, sem tocá-la, articulou singela, mas ardente rogativa:

– Jesus, Mestre e Amigo! Estou diante de um ser benfeitor que tudo faz a benefício de todos os que sofrem. E, por isso, Senhor, rogo-lhe as bênçãos dos Céus a nosso amigo e pai de coração, Fernando.

Manolo refugiou-se num canto.

Sentia-se imensamente contrariado, temendo que a fortuna tão ambicionada lhe escapasse das mãos sequiosas e, pensando em todas as suas dívidas de jogatina, deixava que um clima de ódio lhe sitiasse o coração.

Ele não acreditava, mas temia pela vitória de Domingues, vencendo a morte de seu pai, já que pressentia Fernando entregando-lhe o seu coração.

Fernando, a pouco e pouco, recompunha a respiração.

Maria de Jesus, faces lavadas em lágrimas, compartilhava o socorro, envolvendo seu amado companheiro em ondas de resignação e esperanças.

– Manolo! – chamou o pai, em voz amiga e já quase refeita. – Venha compartilhar do banquete de gratidão.

O jovem estremeceu.

E, embora amargo por dentro, ensaiou um falso sorriso de júbilo e, em se aproximando do pai, sentou-se ao seu lado, fazendo-se aparentemente exultante.

– Graças... a Deus! – murmurou num tom baixo, tomando entre as suas uma das mãos de seu pai. – Quase o perdemos!

Domingues sorriu contristado.

Pressentia, naquele jovem, as sombras da ingratidão filial e, ao mesmo tempo, sentia-lhe o clima de constrangimento e de mal-estar e o destilar de um veneno mortal da contrariedade.

Domingues, em silêncio, orou pelo jovem.

6

O REI FERNANDO

O Rei Fernando amanhecera com o coração angustiado.

Entrou em seu gabinete particular, aguardando, apreensivo, os acontecimentos que faria desencadear naquela manhã e, assim, ordenou a seus colaboradores mais próximos:

– Façam entrar os clérigos!

Ao entrar o último dos clérigos convocados por Sua Majestade, Fernando deu ordem para cerrar as portas e adiar as audiências que estivessem programadas.

Na sala, silêncio e expectação.

O Rei inspirou profundamente. Suas mãos, ligeiramente trêmulas, denunciavam as preocupações que lhe assaltavam o coração e todo o seu nervosismo, diante daquela singular assembleia de representantes da Igreja Romana.

– Senhores... – proferiu o Rei, buscando controlar-se – É de conhecimento de todos o desajuste da minha filha, Joana.

Não se notava nenhum espanto entre os clérigos e, notadamente, não existia qualquer reação de espanto ou curiosidade no Bispo que ali se encontrava.

– Já resgatamos o corpo de Filipe das mãos de minha filha, dando-lhe um enterro justo e necessário, pondo um final nessa peregrinação de Joana pelas cidades deste nosso Reino! – assegurou Fernando.

E, após breve pausa, prosseguiu:

– Minha filha, contudo, está em estado de profunda perturbação mental! E, por isso, convoquei-os para esta assembleia, a fim de apelar a seus corações para ajudá-la.

Padre Damião levantou-se.

– Majestade – disse Damião, diante do silêncio geral –, vi a Rainha Joana e, embora sabendo que ela não é uma comum entre os mortais... sei que ela está possuída por demônios!

– Não sei se por demônios, já que é católica e aceita a Igreja!

– Majestade – interferiu o Bispo, que respondia como autoridade máxima, por todos os clérigos –, Padre Damião tem larga experiência nos Tribunais da Inquisição. E já por ter visto muitos dos que se deixam possuir pelo demônio e, se ele diz que demônios dominam a alma de nossa amada Rainha Joana, é porque ela está possuída pelo Mal.

Fernando transpirava nervoso.

– Talvez... excelência! – obtemperou Fernando. – E, se está assim possuída, rogo pelos préstimos de todos os presentes, para trazê-la de volta à razão!

– Que quer que façamos? – indagou Padre Damião, em tom de impaciência. – Sabe Vossa Majestade o destino de todos os possuídos pelos demônios do Mal!

– Esqueçam... o Tribunal da Inquisição – apelou Fernando. – Não poderemos conviver com escândalos na Corte!

Os olhares, trocados entre os clérigos, acabaram centralizando-se no Bispo, como autoridade máxima entre eles.

– Por misericórdia – afirmou o Bispo, após alguns minutos de expectativa –, sabendo que o Cristo atribuiu poderes a seus discípulos sobre os Espíritos do Mal, e estes poderes hoje estão em nossas mãos, autorizei o Padre Damião a praticar a cerimônia do exorcismo, a fim de libertar a nossa Rainha!

Murmúrios entre os clérigos.

O Bispo, levantando-se, ergueu as mãos, pedindo silêncio e ordem.

– Sei – voltando-se o Bispo ao Rei – que Vossa Majestade será até pródigo, abrindo-nos seus cofres reais para que possamos exorcizar a Rainha Joana, libertando-a das tramas infernais que sitiam o seu coração.

E, teatralmente, voltando-se ao Padre Damião, o bispo complementou:

– Entre nós, com minha autoridade de Bispo, reconheço o Padre Damião como o clérigo que, entre outros, possui a Ordem do Exorcistado, conferida pela Igreja Católica, e que, por isso, pode agir contra os Espíritos do Mal que dominam nossa Rainha Joana.

Padre Damião levantou-se.

– Majestade – falou, dirigindo-se ao Rei –, peço enviar a nossa Rainha Joana a um lugar discreto, para que eu possa exorcizá-la longe de olhares curiosos e repletos de escândalos.

E, após ligeira pausa, assegurou:

– Erguerei o crucifixo contra os agentes do Mal!

Fernando concordou, num gesto mudo de cabeça.

E, após demorada pausa, como que definindo um lugar discreto, mas confortável, para a sua filha Joana, assegurou:

– Vou mandar interná-la... no castelo de Tordesilhas!

E, aproximando-se de Padre Damião, confidenciou:

– Entrego minha filha às suas mãos!

7
PADRE DAMIÃO

O PÁTIO ERA AMPLO.

A edificação, que circundava o pátio em arcos, exibia, em seu ponto central, dentro de extenso jardim, um espelho d'água, alimentado por uma tênue nascente.

Tudo deveria sugerir um clima de paz e orações.

Dos porões, contudo, daquela soberba construção religiosa, subiam gemidos de dor e gritos abafados de desesperação, já que, nas partes subterrâneas, erguia-se o submundo da Inquisição.

Manolo adentrou ao pátio com familiaridade, buscando descobrir, entre os clérigos encapuçados, a figura do Padre Damião.

Sentiu-se tocado no ombro e estremeceu.

Voltou-se, incontinenti.

– Você me procura? – indagou o Padre Damião.

– Sim... meu pai espiritual!

– Deixe disso, Manolo. Prefiro que me trate como seu grande credor e, por decorrência, espero que tenha vindo cumprir o nosso trato!

O jovem estava trêmulo.

– Só posso cumprir o trato, Padre Damião, se contar com a sua ajuda. Somente assim, com a sua mão forte, poderei transferir-lhe parte da herdade de meu pai!

– Como está ele?

– Vivo! Mais vivo do que nunca!

– Como assim? Então, você me enganou quando me trouxe as notícias dos médicos, que haviam anunciado a sua quase morte?!

– Não! Não! De forma alguma o enganei!

– Explique-se, Manolo!

O jovem, temeroso, e com voz repassada de visível rancor e contrariedade, informou:

– Depois dos médicos, quando tudo parecia o fim, minha mãe socorreu-se de Domingues, um jardineiro com poderes diabólicos, e, assim, o quase morto readquiriu a vida.

– Seu pai... está com saúde?

– E muita, meu querido confessor! E tanta, e tão surpreendente e diabólica saúde, que pretende voltar a dirigir todos os serviçais, deixando-me atolado em dívidas!

Padre Damião, frio, calculista, imperturbável, fixou Manolo longamente, até que o jovem baixou os olhos para o chão, estremecendo.

– Maldito! Você gasta demais o seu tempo e o meu dinheiro com aquela rameira, que você faz de sua amante.

Ligeira pausa, e Padre Damião complementou:

– Com minha idade, não disponho de grande tempo para desfrutar o que sempre ambicionei... e que, por justiça, há muito me pertence.

E, envolvendo Manolo num olhar sinistro e determinante, ordenou:

– Seu pai deve morrer!

– E como, Padre Damião? Como?

– Isso é lá com você, Manolo. Se a coisa demorar mais do que duas semanas, irei ter com seus pais e, exibindo os documentos que você assinou, exigirei o resgate de suas dívidas ou, então, a transferência de toda a herdade para minhas mãos.

– Isso me fará cair em desgraça!

– Maior ainda será a sua desgraça se tudo não se cumprir conforme combinamos. E sabe você de que poderes disponho para extrair fortunas daqueles que são denunciados no Tribunal da Inquisição.

– Não... não me ameace assim, Padre Damião! Já basta a minha desgraça e essa coisa que corrói por dentro, levando-me sempre a perder mais e mais.

Manolo, arrasado, adentrou o seu ninho de amor.

– Como estamos? – indagou Isabel, diante do olhar conturbado de Manolo. – Que desgraça maior lhe aconteceu, querido?

– Você nem imagina!

– Falou com Padre Damião?

O jovem fez que sim.

E... então? – insistiu a jovem. – Então o quê? Cale-se, Isabel. Cale-se e me dê tempo para pensar, que uma tempestade desabou sobre a minha cabeça... O tempo se esgota, e a minha vitória parece uma derrota... E tudo irá pro inferno!

Cai um grande e incômodo silêncio.

55

Isabel, carinhosa, passou as mãos pelos cabelos de Manolo.

– Calma, querido! Calma! O mundo não vai acabar hoje!

– O meu mundo, Isabel, está ameaçado de ruir. Não conto nem com a simpatia nem com a compreensão do Padre Damião, e, longe disso, ele me deu um prazo curto para que tudo se resolva!

8

TRAMAS

Em torno da tosca mesa, na taverna em que Manolo se reunia com Paco e Ruiz, sentia-se um clima de nervosismo e apreensão, entrecortado por respiração ofegante.

Ruiz, após emborcar dois goles de vinho e enxugar os lábios com as costas da mão, rompeu o pesado silêncio, que até ali perdurara:

— Padre Damião, então, decretou a morte de seu pai, meu amigo! E com esse padreco, que tem mãos de águia e coração de um suíno, não há o que se discutir!

— Ele tem costas quentes — inteirou Paco, completando o retrato do poderoso clérigo. — E tudo ele pode fazer!

— Maldição! — explodiu Manolo. — Estou acuado. Minhas dívidas são a minha inteira desgraça! E meu pai, embora acamado, não dá sinais de morrer no breve espaço de duas semanas!

E bebericavam pensativos.

Nuvens espirituais se adensavam em torno daquelas três almas compromissadas com a irresponsabilidade, destilando-lhes sombrias e terríveis sugestões.

O jovem Manolo estava transtornado.

— Domingues, o maldito bruxo, está se tornando o instrumento de minha desgraça. Foi por interferência dele, com suas artes mágicas, que o meu velho pai retomou o fio da vida!

– E de que adianta lamentar?! – contrapôs Paco. – Matar esse bruxo, agora, não levará o seu pai a morrer dentro de menos de duas semanas!

E Ruiz, corroído pelos seus impulsos doentios, sugeriu indagando:

– Se a morte de Dom Fernando de Castilhos é inevitável, por que não contribuir para fazê-la ocorrer no tempo certo, ou seja, antes do final destas duas semanas terríveis?!

A tão fria sugestão causou algum desconforto.

No fundo, porém, a ideia levantada por Ruiz correspondia aos pensamentos não externados dos demais comparsas e que, naquele justo momento, surgia como cínica solução ao impasse.

– Contaremos com a simpatia de Damião – complementou Ruiz, ao fazer-se, sem o saber, mero porta-voz das Sombras Espirituais em que todos eles se deixavam enovelar.

– É... Talvez seja a solução! – inteirou Paco.

59

Restabeleceu-se o silêncio externo, entre goles de vinho.

As mentes, no entanto, fervilhavam, criando detalhes e pormenores da trama criminosa e perversa, retratando as induções infelizes da assembleia dos Espíritos que envolviam os três encarnados desajuizados.

– É... a solução! – murmurou Manolo, convencido e vencido pelas circunstâncias amargosas que criara contra si próprio. – E, em verdade, nada mais nos custa do que dar uma mão para decidir favoravelmente a nossa própria sorte!

– Afinal... seu velho já está morrendo!

– Creio que sairá desta para uma melhor, sem prolongar indefinidamente o próprio sofrimento... E, com isso, indo mais cedo aos Céus, partilhará a vida com os anjos – complementou Ruiz, gargalhando debochado.

O filho de Fernando levantou-se, semiembriagado.

– São as fatalidades do destino! – afirmou,

dirigindo-se aos dois comparsas. – E se alguma coisa tem que ser feita, façamo-la já, agora, ainda hoje, para que o inferno de Damião não desabe sobre a minha cabeça.

– E sua mãe, Manolo?

– Saberei conduzi-la! Mamãe mal entende das coisas de negócios e, por isso, não se erguerá como impedimento para que completemos o que se deve fazer a fim de evitar as desgraças que podem ser desencadeadas pelo Padre Damião!

– E... quando será? – desfechou Ruiz.

– Se fatalmente tem que ser assim, por obra do destino, que seja o mais tardar amanhã! E somente sendo amanhã é que retraçaremos o nosso futuro e a nossa liberdade de viver ricamente! – determinou Manolo.

***

Manolo adentrou o dormitório no casarão da viela.

Isabel, ao acolhê-lo, apercebeu-se que o seu jovem amante estava com pensamentos distantes, algo que parecia perturbá-lo, roubando-lhe o próprio Espírito.

– Que tem você, Manolo? Muito vinho na cabeça?!

O jovem sorriu e voltou a mergulhar em seus próprios pensamentos.

– O que aconteceu, querido?

– Nada, Isabel! Apenas que, por razões particulares de negócios, amanhã deverei fazer pequena viagem. E, no mais tardar, nuns dois a três dias, estarei de volta!

– Leva-me junto?!

– Como levá-la?! Já não disse que viajo a negócios? E poderá uma mulher acompanhar alguém que sai a negociar? A descobrir caminhos novos para formar um futuro lar?!

– Pensa... em casar-se comigo?!

– E com quem mais, Isabel? E trate de me aprontar as melhores roupas, já que dessa viagem dependerá o nosso próprio futuro. E se você quer ter, no seu, o nome de meus pais, avie-se!

A jovem, irradiando alegria, atendeu prontamente.

– Posso... dar essa notícia a nossos amigos e parentes, Manolo?

– Fale alguma coisa! Mas deixe os detalhes, para que transmitamos as boas notícias pessoalmente, tão logo eu volte dessa pequena viagem de bons negócios!

Isabel, jubilosa, enlaçou-lhe o pescoço, beijando-o enternecida!

9
VIDA E MORTE

É NOITE DENSA.

O céu, sem estrelas, parecia revolver nuvens pesadas, prenunciando temporal violento.

Domingues, chegando de longa caminhada, foi recebido à porta da singela vivenda, num clima de apreensão e medo.

– Entremos, Domingues! – convidou o

dono daquele lar, descerrando-lhe a porta e revelando-se mais aliviado de suas tensões.

– Como está Carmela?

– Com dificuldades no parto! A parteira me diz que a criança está em posição atravessada, e, com isso, minha mulher e meu futuro filho correm risco de vida!

– Vejamos, então, o que se pode fazer, com o amparo de Jesus – procurou tranquilizá-lo Domingues. – Tudo sempre está nas mãos de Deus.

* * *

Manolo, na estrada, estremeceu com um raio.

Trovões ribombando e coriscos riscando o firmamento assustavam aqueles três sinistros comparsas e tornavam indóceis os animais em que cavalgavam.

Uma chuva pesada começou a cair.

– Sigamos adiante! – convocou Ruiz, decidido. – Este mau tempo nos ajudará, e muito, na empreitada desta hora!

E, fustigando os animais, agora molhados e que recuavam diante da chuva que os incomodava, rumavam na direção das propriedades do pai de Manolo.

Estavam decididos ao plano sinistro.

* * *

Domingues, ouvindo a chuva, contemplava a parturiente.

– Respire fundo, Carmela!

– Dê-me... sua mão, Domingues! Ajude-me, pelo amor de Deus! Minhas forças... desaparecem! E este meu filho... sofre, dentro da barriga!

– Confie em Jesus! – destacou seguro aquele amigo dos menos felizes. – Lembre-se de que esse seu filho é, antes de tudo, uma obra da Criação Divina!

A parteira enxugava bagas de suor, que inundavam o rosto de Carmela.

– O que você acha, Domingues? – indagou a parteira, num tom de medo e apreensão.

– Vamos ampará-la! – e, incontinenti, Domingues colocou suas mãos sobre o ventre materno e adentrou num estado de profunda oração, balbuciando: – Senhor Jesus, supra-nos de recursos e preserve estas duas vidas, agora entregues a Suas Divinas Mãos!

✳✳✳

A chuva despejava-se em torrentes!

Diante da casa de seu pai, naquela noite de tormentas, e instigado por Paco e Ruiz, que se colocavam na retaguarda, Manolo desmontou e entregou as rédeas de seu cavalo a Paco.

– Vá em frente! – ordenou Ruiz.

Manolo, ofegando e molhado, sorrateiramente atravessava o extenso jardim que circundava a bela construção, estacando, logo mais, diante das altas paredes.

– Tudo às escuras! – observou.

E, usando as suas energias, começou a escalar as paredes, tomando o rumo do aposento de seu pai.

✳✳✳

Os minutos se sucediam.

Domingues, com as mãos espalmadas sobre o ventre materno, começava a dar nova posição ao neném, visando trazê-lo à luz de uma nova existência.

Sentia-se, esse benfeitor de todos, conduzido por inspiração e por mãos espirituais que se reuniam a seu propósito de preservar e conservar aquelas duas vidas, em toda a sua plenitude.

***

Manolo, sorrateiro, adentrou ao aposento íntimo de seu pai e, caminhando por entre as sombras, aproximou-se do leito paterno.

Seu pai, Fernando, estava só e em silêncio.

Parecia alguém que repousava, tranquilo, após uma longa e incômoda luta, na preservação da vida.

O jovem estremeceu!

Determinado, contudo, em seus propósitos, parecia tristemente induzido por Padre Damião e por seus dois comparsas, acomodando-se à posição de um instrumento da perversidade.

– Se tem que ser que seja! – murmurou para consigo mesmo.

E, tomando os vasilhames de combustível abundante, usado para abastecer as candeias daquele lar, começou a espargi-lo por todo o compartimento, umedecendo o piso de madeira, as cortinas, o leito do enfermo.

※ ※ ※

A parteira sorriu, descontraindo-se.

– Ah! Domingues! – disse ela, respirando mais aliviada. – Por um milagre de fé, a criança se ajeitou!

– Então... agora é com você!

E Domingues, erguendo-se, deixou o pequeno cômodo onde o parto se realizaria e voltou à singela sala.

– E... como estamos? – indagou o inquieto marido.

– Tudo bem! – respondeu o interpelado, batendo-lhe nas costas para tranquilizá-lo. – Tudo bem, graças a Deus!

※ ※ ※

Manolo hesitava.

Na obscuridade do dormitório, mãos trêmulas, ofegante, demorava-se a sentir a extensão de seu plano homicida, fitando o pai inerte no leito empapado de combustível.

– Não tenho outra saída! – procurava convencer-se, instigado, sem o saber, pelas Sombras Espirituais a que se havia arrojado, imprevidente.

– Será ele... ou eu!

※ ※ ※

Na sala do modesto e rústico lar, Domingues e o pai temeroso ouviram o choro da criança, vindo do dormitório.

– Meu filho nasceu! – irrompeu o pai, abraçando Domingues, num transporte de gratidão. – E minha mulher tem vida!

– Sejamos gratos a Jesus!

※※※

Manolo, sufocado pelo temor e mal intuído pela ambição desmedida, acendeu uma faísca, e, numa quase explosão, o fogo levantou-se voraz.

O leito do pai ardia em chamas!

E, antes que chegassem os serviçais e, também, a sua própria mãe, o tresloucado jovem partiu, em desabalada fuga, descendo e quase caindo pelas paredes escorregadias.

De longe, já novamente em sua montaria, ladeado por Ruiz e Paco, o jovem dava adeus a seu pai, sem nenhum constrangimento, certo de que lhe impusera uma morte necessária.

– O que tinha que ser feito se fez! – enunciou, colocando os animais em trote ligeiro, numa fuga para a cidade mais próxima.

10

MÃO DO DESTINO

Padre Damião voltou-se bruscamente.

— Ah! É você, Manolo?!

— Sim, meu benfeitor! – respondeu o jovem, de fisionomia transtornada e que, ao mesmo tempo, pronunciava palavras tão frias quanto a lâmina de um punhal. – Tudo consumado!

E, após estudada pausa, informou:

– Meu pai morreu!

– Quando... e como?

– Foi ontem... Num incêndio!

– E como aconteceu? Foi repentino?

– Foi a mão do destino!

Damião, frio e calculista, apercebeu-se de que alguma coisa tinha sido articulada para que ocorresse a morte súbita de Dom Fernando de Castilhos e, com a prudência dos chacais, examinava Manolo, a sua presa.

– De quem foi a *mão do destino*? – indagou o clérigo, maliciosamente, desarmando a segurança e o cinismo de Manolo.

– Que importa de quem foi a mão?!

– A mim tudo importa, Manolo! Não quero estar como personagem de alguma outra execução que não sejam aquelas que patrocinamos pelo Santo Ofício da Inquisição!

Manolo inspirou fundo, empalidecendo.

Na tela de sua doentia imaginação, de imediato destacou-se a figura de Domingues, e, querendo lavar-se de suspeitas, não hesitou em informar:

– Ao que sei, foi obra de um bruxo!

– Que quer você dizer?

– Lembra-se de que lhe falei de meu pai sendo tratado por Domingues e, assim, recobrando a consciência e a vida após os médicos lhe terem dado a sentença de morte? Pois deve ter sido este, justamente este Domingues, quem o fez arder em chamas vivas! Esse feiticeiro, disfarçado de jardineiro na casa de meus pais, sempre evocava o fogo do inferno e convocava as almas, escravas dos demônios, para cumprirem as suas vontades.

Padre Damião persignou-se.

– Ele... foi a *mão do destino*! – confirmou Manolo.

– Você – pondera Damião – está a denunciar o tal de Domingues como um herege que, além de estar afastado dos princípios da fé de nossa Santa Madre Igreja, é ainda um feiticeiro e um criminoso?!

– Denuncio, sim, meu santo Padre! – confirmou o jovem, ajoelhando-se.

– E... terá testemunhas para confirmar?

– Tenho duas, Padre! Duas testemunhas: Paco e Ruiz! E estes dois, por razões diversas, estarão prontos para testemunhar contra Domingues no Tribunal da Santa Inquisição, se for necessário.

Damião examinava e reexaminava o jovem.

– Essas testemunhas dirão a verdade?

Manolo sorriu malicioso, informando com cinismo:

– A verdade conveniente, meu confessor, já que, no Tribunal da Inquisição, mais valem os depoimentos do que a realidade!

O clérigo ensaiou um leve sorriso.

– Rapaz... você é demoníaco!

– Não, Padre! Sou um devedor que vem resgatar todas as dívidas, transferindo-lhe a maior parte da herdade de meu falecido pai! E quero começar nova vida, debaixo de suas bênçãos.

– Amém! – murmurou num misto de triunfo.

E, após ligeira pausa, Padre Damião ordenou:

— Traga-me as testemunhas, Manolo! Quero ouvi-las e instruí-las antes de tomar as providências necessárias para salvar a alma maldita do bruxo Domingues!

Manolo deitou-se, estirando-se no leito, com Isabel ao lado.

***

— E agora? — indagou Isabel. — Começaremos, realmente, uma vida inteiramente nova?

— E a vida não é outra, a cada novo dia?

— Você me tomará por sua mulher, sua esposa, retirando-me deste refúgio de pecado, para ganhar as honras de uma esposa rica, bem servida de criadagem?

O jovem sorriu, sem responder.

— Que me diz, Manolo?!

— Aguardemos os dias que virão, Isabel! Ainda não estou inteiramente livre para falar sobre o futuro. Por isso, embora nos alimentando de sonhos e ilusões, façamos o jogo da paciência!

11

PRISIONEIRO

Era um cair de tarde.

Guardas truculentos, sem mais avisos, adentraram pela modesta casa de Domingues e, aos gritos, fizeram-no prisioneiro.

Atrelaram uma cangalha em seus ombros.

Mãos manietadas por ásperas e ferinas correntes arrastaram-no por caminhos íngremes, puxado atrás de cavalos fogosos, ora caindo, ora levantando, debaixo de chibatadas cruéis.

Já era suor e sangue!

Os olhos do prisioneiro, contudo, guardavam a luz da serenidade, enquanto se deixava conduzir, sem queixas nem lamentações, pelos esbirros violentos.

Era Domingues, uma outra vítima do Santo Ofício.

Uma mulher, das muitas beneficiadas pelas preces daquele prisioneiro, atrevidamente avançou na sua direção e, encarando os soldados, clamou por misericórdia:

– Não prendam este homem de Deus!

– Afaste-se, mundana! – esbravejou o capitão da guarda.

– Não! Não! – ela insistiu destemerosa. – Este homem só nos fez o bem! Vocês não podem maltratá-lo! Não podem prendê-lo! Soltem-no!

– Guardas! Enxotem esta louca!

A mulher, banhada em lágrimas, caiu de joelhos ao lado de Domingues, voltando seus olhos para os Céus e bradando:

— Oh! Céus! Até quando perdurará a injustiça?

O prisioneiro, vivamente comovido, envolveu aquela mulher num olhar de piedade e de imensa ternura e, ao mesmo tempo, sentia-se sofrer pelas consequências daquela sua atitude.

— Ah! Filha! — disse-lhe Domingues. — Lembre-se de Jesus! Não brade contra a injustiça humana, a fim de que você não caia em desesperação.

Os soldados fitaram-no atônitos.

— Estes homens — complementou Domingues, a indicar com a cabeça todos os soldados que os circundavam — cumprem ordens e realizam o seu triste trabalho, tanto quanto eu trabalhei, por minha vez, para fazer a vontade do Senhor!

— Mas... é injustiça!

Domingues, entre suor e sangue, ensaiou um sorriso.

– Antes ser preso pelo crime do amor, que por ter feito violências!

E, após ligeira pausa, o prisioneiro complementou:

– Volte para a sua casa! Deixe que me levem! Em verdade, sigo de alma jubilosa, de consciência tranquila, sabendo que, se for injustiçado pelo Tribunal da Inquisição, sairei desta vida sem queixas e sem rancores.

* * *

Padre Damião, no pátio, esquadrinhava Domingues.

Fez um gesto de cabeça aos guardas.

E Domingues, incontinenti, foi empurrado aos porões.

No subsolo sombrio daquele templo religioso, era arrastado pelos guardas, na direção de uma suja e malcheirosa cela, qual se fosse um perigoso celerado.

Gemidos de dor e de angústia subiam de supliciados!

Deparou-se com faces congestionadas, olhos quase saltando das órbitas, criaturas delirantes submetidas a suplícios, a torturas inimagináveis, carne humana esmagada, sangue e dor!

– Tudo... em nome de Jesus! – murmurou contristado. – Todas estas atrocidades em nome do Mestre do Amor!

Lágrimas ardentes lhe desciam pelas faces.

A obscuridade dominava naquele porão de torturas.

O capitão da guarda, lancetando Domingues para fazê-lo entrar à cela, não se apercebeu que, no chão, no caminho de seus pés, estava o corpo hirto de um prisioneiro morto.

E tropeçou, caindo sobre as brasas de uma forja.

Um grito lancinante, e o braço direito quase dominado pelo fogo!

Acorreram os guardas!

Ao lá chegarem, contudo, viram que Domingues, em lhe segurando o braço em carne viva, caíra de joelhos ao lado daquele soldado e, proferindo uma ardente oração, fazia com que a pele e a carne queimada se recompusessem!

Ficaram semiafastados, silenciosos e tementes.

O capitão, trêmulo, espantado, já não sentia a dor infernal dos carvões acesos e, mais espantado ainda, examinava o braço, sem sinais de ferimento ou queimadura!

※ ※ ※

Padre Damião entrou à cela de Domingues.

– Que demônios você evocou para a mágica da cura do capitão?

Domingues suspirou, coração sereno, sabendo-se questionado pelo mestre de todas as infâmias e de todas as torturas e, num tom de respeito, sem submissão, assegurou:

– Chamei o socorro do Mestre que o senhor representa!

– O... Papa?!

– Não! Evoquei o amparo de Jesus a favor daquele pobre pai que, se ficasse sem o braço, cairia em desgraça com a sua própria família!

– Como ousa pronunciar... esse nome?! Por que falar em... Jesus?!

E houve, então, um grande e inquebrantável silêncio.

12

NA CASA PATERNA

Manolo interrompeu o seu vaivém pela varanda da casa de sua mãe.

Sentou-se diante de Maria.

Tomou-lhe as mãos entre as suas, conservando-se cabisbaixo e com repetidos suspiros.

— Infelizmente, estive sempre muito ausente

deste nosso lar, mamãe! Os negócios sempre me fascinaram... mais que os cuidados da terra.

– Não se amargure, filho! – ponderou Maria de Jesus, em sua mais pura expressão maternal. – Quem poderia supor, sequer imaginar, a ocorrência de um incêndio?!

– Foi... uma dolorosa fatalidade, por certo!

Levantando-se e batendo com os punhos cerrados na própria cabeça, o jovem fingia abater-se em extremada amargura.

– Ah! Estivesse eu aqui... E papai ainda viveria! Que vale, porém, agora, lamentar-lhe a ausência?! Se eu ao menos tivesse tomado o gosto pelo cultivo dos campos, poderia prosseguir como herdeiro das grandes obras de meu velho pai!

– Ainda é tempo de começar, filho! Veja que temos algumas dezenas de famílias, cuja subsistência se assegura pelo cultivo destas terras.

O jovem suspirou, olhar distante.

– Sei disso, minha mãe! E sei também que, mesmo me violentando, não conseguirei a tudo administrar com a sabedoria, a docilidade e o idealismo de papai!

– Que pensa fazer, meu filho?

O jovem assumiu fingidos ares de preocupação.

– Não sei... Não sei, minha mãe! Tenho medo, contudo, de deixá-la aqui, e que outra tragédia nos ocorra ou, então, que esta herdade vire apenas pó!

Uma longa e estudada pausa.

– Não seria melhor... vendê-la? – sugeriu sorrateiramente Manolo, voltando a afagar as mãos de sua mãe.

Maria de Jesus estremeceu diante da ideia de venda.

– Vender, filho? A propriedade e o sonho de seu pai, em mãos estranhas? E o que seria dessas famílias que nos servem há tantos anos?

– Outros responderão por elas. Não que me despreocupe da sorte dessa gente que nos serve. Quero a sua segurança, minha mãe... E a senhora é frágil, delicada, para conseguir suportar o peso da administração desta imensa herdade!

Manolo, sorrateiro, observava as reações da mãe para dar prosseguimento às suas ambições e, diante da hesitação dela, complementou:

– Eu só ficarei tranquilo, mamãe, quando a senhora estiver num soberbo palacete, cercada de serviçais, num dos bairros mais prósperos da cidade!

E, afagando os cabelos já esbranquiçados de Maria de Jesus, o jovem aditou:

– A fortuna e a despreocupação com as terras hão de lhe permitir ampliar ainda mais as suas obras de caridade!

Maria de Jesus suspirou.

– Que mais pedir a Deus, minha mãe? E papai, lá dos Céus e onde estiver, há de abençoá-la e estará consigo. E eu, de coração tranquilo, poderei prosseguir em meus negócios, escorado em mais recursos, para que se complete e nos retorne a felicidade que sempre desfrutamos.

O pensamento de Manolo estava no Padre Damião e em suas dívidas.

13

ORDENS REAIS

Padre Damião, velhaco e prepotente, sentou-se, desconfortado, diante do Rei Fernando, após ter-se curvado à frente de Sua Majestade e lhe beijado as mãos.

– Mandou... chamar-me?

O Rei confirmou, num gesto mudo.

— E o que me dá a honra de vir novamente a este Palácio?

— Um prisioneiro seu!

O clérigo, olhar de abutre, reajustou-se, visivelmente incomodado, mas, habituado à escola da hipocrisia, num sorriso amigável, indagou apenas:

— Quem, Majestade?

— Um tal de Domingues!

Damião estremeceu ligeiramente.

— Você sabe — prosseguiu o Rei Fernando, com segurança e sem meias medidas — que não existem segredos quando há espiões e delatores por todas as partes. E isso, infelizmente, é o que não falta nos salões da nobreza, para fomentar intrigas e descontentamentos.

— Mas... que quer Vossa Majestade... com um herege... um bruxo e feiticeiro, confiado à minha justiça?

— A Rainha Joana, minha filha, quer vê-lo!

Damião novamente estremeceu.

– Tenho exorcizado a Rainha, Majestade! E, até agora, não consegui desvencilhá-la dos demônios! E teriam os demônios a inspirado para querer ver um mestre de bruxaria e feitiços?

Rei Fernando sacudiu negativamente a cabeça.

– Minha filha teve notícias de uma cura milagrosa feita por esse tal de Domingues, justamente num dos braços de seu capitão da guarda!

– Como... ela saberia?!

O Rei entressorriu, repetindo:

– Há espiões e delatores por todas as partes, meu caro Padre Damião.

– Eu... não posso concordar! Não posso permitir!

Fernando levantou-se autoritário, não permitindo que Damião questionasse:

– Não lhe estou pedindo permissão, Padre Damião! Estou é lhe ordenando que promova esse encontro, embora sigiloso, entre a minha filha Joana e esse seu precioso prisioneiro!

✳ ✳ ✳

Guardas escoltaram Domingues, acorrentado, até as imediações do Castelo de Tordesilhas.

Tiraram-lhe a canga.

Levaram-no, a seguir, por um labirinto de corredores daquela habitação palaciana, até alcançarem um salão fortificado, onde Joana se encontrava confinada, agora alcunhada de Rainha Louca.

Empurraram-no, temerosos, trancafiando-o no mesmo compartimento em que a filha do Rei Fernando exauria em crises de convulsivo pranto.

Ela abandonou o seu canto sombrio.

Olhos esbugalhados, hesitante, sem pleno domínio de seus gestos, acercou-se do prisioneiro, examinando-o curiosa e cautelosamente, tocando-o com um dos dedos e recolhendo-se a medo.

– Você... é Domingues?

O interpelado, fitando-a no fundo d'alma, comoveu-se até as lágrimas diante da sofrida e desfigurada criatura.

– Por que chora? – indagou Joana, num tom infantil.

– Pela sua dor moral, Majestade! E por vê-la tão dolorosamente desfigurada e, ao mesmo tempo, assediada por dolorosas sombras espirituais.

– Tem... pena de mim? Soube de meu amado Filipe?

E, afastando-se ligeiramente, voltou a falar:

– Não... me teme?! Dizem que sou louca! E Damião, esse maldito padre, vem me torturar e me bater com uma cruz de prata!

E, exibindo a sua roupa suja e amarfanhada e as escoriações em todo o seu corpo, chorosa, soluçante, entregou-se aos pés de Domingues, apelando, comovidamente:

– Ajude-me, bom homem!

Os dois sentaram-se ao chão.

– Joana, minha Rainha – começou Domingues, respeitoso –, vejo nuvens de almas perturbadas a invadir o seu coração e a sua mente, e você as reproduz em seus olhos como se fosse porta-voz da desesperação.

E, após ligeiro silêncio, Domingues complementou:

– Em Jesus, amigo vivo e permanente, sinal de Vida em nossas vidas, encontra-se a porta espiritual de sua libertação.

– É... o Senhor da Cruz?! Isso me assusta e já me fez sofrer muito!

– Não lhe falo dessa farsa dolorosa, simbolizada por uma cruz condutora de ódio e pano de cobertura para multidões de crimes e infâmias, minha Rainha! Estou lhe falando do Senhor da Vida, que sempre abriu seus braços misericordiosos, chamando todos os aflitos, todos os sofredores, ao encontro de seu Amor Divino!

E Joana, alimentada de esperanças, ficou humildemente a ouvir o simples camponês, que lhe descerrava luzes de esperança e de conforto, a seu coração longamente martirizado.

Era já noite.

Abriram a porta daquele cárcere e iam retirar Domingues, quando este se ajoelhou aos pés de Joana, assegurando-lhe:

– Jesus, em seu coração, minha filha! Se não nos virmos mais, nesta vida, guardo a certeza de que voltarei a vê-la em outra quando, então, o seu coração será um ninho de amor e ternura!

14
PROPÓSITOS SINISTROS

PADRE DAMIÃO, TÃO LOGO VIU DOMINgues ser recambiado aos porões de isolamento e torturas, tratado com algum respeito e temor pelos guardas, ficou apreensivo.

Por meio de um seu auxiliar, pediu a presença do Bispo Duílio em seu gabinete de trabalho, dizendo tratar-se de assunto grave e urgente.

Foi prontamente atendido.

Damião, tão logo entrou seu superior, tomou-lhe a mão e, num gesto largo de submissão, beijou-lhe o anel.

– Que quer, Damião?

– Eminência, sabe para onde fui obrigado a mandar o herege Domingues, por ordem expressa e pessoal do Rei Fernando?

– Disseram-me que o prisioneiro foi levado a visitar Joana, a louca, no Castelo de Tordesilhas.

– Exato, Eminência! E, por isso, antes que esse infeliz caia nas graças do Rei e seja retirado de nossas mãos, convém julgá-lo, no Tribunal da Inquisição, e condená-lo!

O Bispo quedou pensativo.

– Você – inquiriu o Bispo – tem algum particular interesse nesse caso?

– Tenho, Eminência!

– A mim me parece, Damião, que esse homem, fora das habituais lendas que levantam em torno dele, inclusive pelos guardas, que são uns poltrões, não passa de um pobre diabo, sem expressão!

– É... seu ponto de vista, Eminência.

– Certo! Mas, se você está tão motivado para torná-lo réu da Santíssima Inquisição, dou-lhe o meu apoio incondicional – confirmou o Bispo, em tom de enfado.

✳ ✳ ✳

Manolo percorreu o pátio e adentrou ao gabinete de Padre Damião.

– Aqui estou, meu benfeitor!

Damião fez-se seco e até áspero:

– Mude esse tom jocoso de tratar-me! Detesto essa sua intimidade e, além disso, o seu comportamento se torna de todo inconveniente, como a principal testemunha de uma acusação de heresia.

O jovem empalideceu.

– Domingues... será julgado?!

– Claro que sim! Para salvar-lhe a pele,

Manolo, vou levar Domingues ao Tribunal da Santa Inquisição, de imediato. E, por isso mesmo, volte amanhã, trazendo Paco e Ruiz.

– Sim! Sim! – confirmou, sentindo um frio na espinha.

E, como que para tranquilizar Manolo, Damião colocou-lhe uma das mãos sobre o ombro, assegurando:

– Nada de temores! Você saldará a sua dívida, e, por minha vez, tomarei posse de parte da herdade de seu falecido pai e, com isso, cada um de nós terá o que mais deseja e ambiciona!

15

TRIBUNAL DA INQUISIÇÃO

HAVIA SOL LÁ FORA.

Aqui dentro, no entanto, tínhamos sombras.

Sombras no coração, sombras nas consciências!

Domingues estava acorrentado e em pé.

Entraram os escrivães encarregados das

anotações do processo, e, em seguida, em roupagens negras, compareceram o Bispo e Damião, no papel de Inquisidor.

O promotor, previamente instruído pelo Bispo e por Damião, tomou o assento que lhe fora reservado, encontrando-se com a bolsa de ouro que remunerava seus serviços.

Silêncio quase fúnebre!

Levantou-se o Bispo e, em voz grave e solene, determinou a entrada de testemunhas, para dar início ao processo tendencioso e de final previamente já concertado.

Compareceram Manolo, Paco e Ruiz.

O filho de Dom Fernando, semicabisbaixo, relutou em defrontar-se com o olhar sereno de Domingues, qual se temesse, por um lampejo da própria consciência, esmorecer diante daquele que responderia por um crime que não cometera e por uma heresia que não existia!

– Dom Manolo de Castilhos – enunciou o frio Inquisidor, Damião, apontando na direção do prisioneiro –, você conhece este homem, a quem dão o nome de Domingues?

– Sim! Conheço! – confirmou o jovem, baixando mais a cabeça.

– Encare-o! – ordenou Damião.

Manolo inflou o peito, querendo retomar o controle sobre si mesmo, e fitou friamente o ex-jardineiro e benfeitor de seu falecido pai, encarando-o com ironia.

– Esse homem – prosseguiu Damião, numa dura voz metálica. – Esse homem é o mesmo que, por meio de sortilégios, bruxarias e feitiçarias, confundiu o seu pai e o levou à morte?

O jovem confirmou, com gesto de cabeça.

– Não faça gestos! – interferiu o Bispo.

– Queremos ouvi-lo, Dom Manolo, e, por isso, ordeno que faça uso da palavra, dizendo sim ou não, para que tudo fique assentado pelos escrivães.

Damião repetiu a pergunta:

– Esse é o homem?

Erguendo a visão, Manolo encarou friamente a Domingues.

– Sim! – afirmou, apontando-o sem hesitação. – Esse é o homem que confundiu meu pai e que foi o instrumento de sua morte, por artes de magia que não compreendo e que desconheço.

– Essa é a verdade? – indagou o Bispo – E a confirma?!

Duas lágrimas desciam pela face de Domingues.

Sem esboçar qualquer gesto ou proferir qualquer palavra em sua própria defesa, Domingues só fazia lembrar-se do menino Manolo, que, tantas vezes, o acompanhara no trato dos jardins.

Em vão, procurava no acusador aquele menino de outrora!

O Inquisidor prosseguiu:

– Esse homem, Dom Manolo, esteve sempre na herdade de seu pai?

– Sim, meu senhor!

– Seu pai, porventura, sabia das atividades dele? Das suas artes mágicas? De seu reconhecido pendor pela evocação de Espíritos demoníacos? E chegou, algum dia, a servir-se de seus préstimos de bruxo?

– Creio que sabia, Padre Damião!

– Sabia e... silenciava? Sabia e servia-se dele?!

Confuso, Manolo não atinava aonde queria chegar o Padre Damião, mas, conhecendo ou pensando conhecer seus propósitos de credor que quer a restituição de sua fortuna, confirmou tudo!

Damião voltou-se para as outras duas testemunhas.

– Vocês, Paco e Ruiz, confirmam as acusações de Dom Manolo e, em nome de Deus, reconhecem neste Domingues um herege, uma alma que tem pacto com os demônios?

Os dois entreolharam-se.

Levantando-se, primeiro Paco e depois Ruiz, ambos confirmaram.

O Bispo, quase mero expectador, deu a palavra ao Promotor.

– Senhores! – disse o Promotor, com indiferença. – São tão gritantes as provas e os testemunhos contra o acusado, que me dispenso até de alinhavar outras considerações.

E, levantando um dedo de acusação, destacou:

– Exijo, para esse homem, que desmerece os princípios da Santa Madre Igreja e que não hesita em se utilizar da magia negra para alcançar seus criminosos propósitos, a sua condenação à fogueira inquisitorial!

Manolo estremeceu ligeiramente.

Damião, após solicitar a leitura dos assentamentos dos escrivães, pediu ao Bispo que se manifestasse, e o Bispo, integrado naquela farsa, não hesitou em dar o seu voto para a condenação do réu à fogueira inquisitorial, fundamentando-o na acusação de heresia e de bruxedos que envolviam, em sua força, até os guardas do presídio.

O acusado sequer foi ouvido!

16

NO DIA SEGUINTE

O CANSADO MANOLO MAL DORMIU NAquela noite.

Não sabia se, pela sua tensão, ou por outras razões, estivera às voltas com pesadelos tenebrosos, nos quais mil *fácies* torturadas lhe invadiam a alma inquieta.

Despertara em sobressaltos.

– Você deve ter comido muito antes de dormir – justificava Isabel, procurando acalmá-lo.

– Que mais poderia ter sido, a não ser que fosse todo o vinho bebido...?

– Pode ser! – confirmou, sem lhe relatar o que o fizera agitar-se tanto. – Sei lá!

– Aonde vai agora? Por que não descansa e se refaz?

– Negócios, Isabel! Negócios! – informou displicente, enquanto terminava de se vestir com o melhor de seus trajes e procurava recompor a fisionomia transfigurada.

– Vamos... ter vida própria?

– Aguarde, Isabel! Você verá!

* * *

– Que quer agora, Manolo? – indagou Padre Damião, mal levantando os olhos dos papéis sobre a sua mesa. – Já tivemos o julgamento e, neste momento, só nos resta promover a execução de Domingues.

O jovem agitou-se.

– A herdade de minha família, Padre Damião! Os papéis em que confesso as minhas dívidas!

— A juventude sempre tem pressa! Os papéis de suas dívidas?! Ora, estão bem guardados, Manolo! Não sofrerão extravios e não cairão, jamais, em mãos estranhas!

— Já fiz toda a minha parte!

— Tenho certeza que sim! Porém, não convém precipitar nada, antes que tudo se consuma!

— A execução de Domingues, então, vem primeiro?

Damião suspirou, enfastiado, e também mal-dormido, mas não revelava sinais de angústia ou apreensão.

— Depois da execução de Domingues — detalhou a Manolo —, cada um de nós alcançará o que busca, meu rapaz! Portanto, exercite a paciência, assim como eu mesmo o faço.

— Pensei que, depois de ontem, tudo estaria em situação nova.

— Pois pensou errado!

E Damião, voltando-se aos papéis sobre a mesa, dava por encerrada a entrevista, sem ter acrescentado mais coisa alguma.

17

DIA FATAL

UMA NÉVOA SECA INVADIA A CIDADE.

Alguns curiosos, e outros fanáticos e alguns mórbidos, já invadiam e tomavam toda a praça, cada um procurando um melhor lugar para testemunhar a execução de Domingues.

O disse que disse era crescente.

Muitos daqueles que ali se postavam contavam ou reproduziam histórias dolorosas em torno do condenado, deformando-lhe o caráter e transfigurando-lhe a benevolência, ao pintá-lo, verbalmente, como a um monstro devorador de criancinhas.

– É mais um desgraçado desses hereges que têm parte com o demônio – afirmavam e se persignavam alguns outros.

– Ele fez bruxarias e enlouqueceu a nossa Rainha!

– Maldito seja!

※※※

A praça já fervilhava!

Os guardas, montados em fogosos e ajaezados cavalos, traziam Domingues arrastado por uma forte corrente, e ele, cuspido por uns e apedrejado por outros, exibia filetes de sangue a escorrer-lhe pelo corpo quase desnudo, em mistura com um forte e abundante suor.

Os sinos das igrejas dobravam tristes.

Domingues fixava o poste de madeira nua

que se erguia no ponto central daquela praça e sentiu-se empurrado pelos soldados, que o levaram para lá aos supetões, e, debaixo de uma violência furiosa, deixou-se amarrar ali, com fios de ferro que lhe penetravam a carne.

Jogaram mais lenha seca e cavacos de árvores, e, de pronto, os soldados rasgaram-lhe o pouco de veste que lhe cobria o corpo e fizeram, desses trapos, as tochas para acender a pira do sacrifício.

Domingues estava quase inteiramente desnudo!

Uma procissão sinistra, capitaneada pelo Padre Damião, completada pelo Bispo Duílio e por sacerdotes diversos, aproximou-se solenemente daquele local.

Manolo, em lugar de honra, vinha pálido e quase desfigurado.

Súbito, um silêncio completo.

– Filho do demônio! – clamou Damião, dirigindo-se a Domingues. – Renega as suas bruxarias?

Um silêncio denso.

– Senhor – respondeu o supliciado, extenuado e quase sem energias sequer para falar. – Estive sempre a servir Jesus!

– Excomungado! Herege! Maldito seja, herege! Suas palavras, nesta hora, são inspiradas pelos Gênios do Mal, que sempre estiveram e estão em seu coração!

– Queima! Queima! – agitavam-se os mais extremados. – Queima!

Algumas mulheres, em lágrimas e em silêncio, carregando seus filhos a pequena distância e vendo Domingues, voltavam seus corações aos Céus, rogando amparo a seu benfeitor da véspera.

A um sinal nervoso, feito pelo Bispo, os guardas botaram fogo nas tochas feitas com os restos de roupa de Domingues e as atiraram na lenha seca! E as chamas, crepitando, cresciam em línguas ardentes, subindo pelos pés, pelas pernas, por todo o corpo do supliciado.

Manolo, trêmulo, agitava-se, querendo ver,

desesperadamente, entre as labaredas que lambiam e sufocavam, em fumaça e dor, a fisionomia de Domingues.

E houve um momento de olho no olho!

O jovem tresloucado sentiu-se envolto pela serenidade e resignação do benfeitor traído e, estranhamente, sentiu-se acalentado pela voz doce e amorável do ex-jardineiro.

– Estou... com Jesus! – sussurrou Domingues.

E, de súbito, Domingues teve, diante de seus olhos, as cenas dos circos romanos, com os novéis cristãos também submetidos à morte, por fogo que se lhes ateavam aos corpos untados de azeite.

– Senhor! Senhor! – balbuciava o supliciado.

E, antes que a dor o submetesse ao desequilíbrio, Domingues sentiu-se tocado e envolto por mãos angelicais de Benfeitores Espirituais que o amparavam naquela hora.

Ele lembrou-se do Senhor na Cruz do sacrifício.

– Oh! Senhor! Em suas mãos, entrego-me!

E desencarnou!

A fogueira crepitava, com chamas alteando-se. A madeira, semiverde, soltava fagulhas e se transmudava em brasas ardentes.

Padre Damião, indiferente ao quadro de sofrimento, acercou-se de Manolo e, entregando-lhe uma bolsa com ouro, recomendou-lhe:

– Saia imediatamente desta cidade, por uns dois meses, para que alguém, contrário a nós, não venha a matá-lo, para vingar-se do que impusemos a esse Filho do Demo!

– Mas... Padre Damião! Minha herdade! Minha mãe! Isabel!

– Eu cuido de avisá-las! E já sem tempo a perder, Manolo, obedeça às minhas ordens! Já autorizei aquele guarda ali a ceder-lhe o animal que lhe servirá de montaria.

Manolo, aturdido e temeroso, obedeceu.

18
TRÊS MESES DEPOIS

A MADRUGADA ERA DE SILÊNCIO.

Esquivando-se pela viela tortuosa, procurando confundir-se com as sombras, Manolo experimentou a porta, descerrando-a sem nenhum esforço.

Olhou pela escadaria, que lhe era familiar, e, cauteloso, galgou os degraus, sentindo que o coração pulsava cada vez mais rápido, à medida que subia.

Parou e bateu à porta do quarto com os nós dos dedos, como sempre fazia, e aguardou ansioso.

Nada!

Aguçou os ouvidos e insistiu nas leves batidas, aguardando que Isabel lhe descerrasse o ninho de amor, do qual se encontrava saudoso.

Forçou a entrada!

E, aberta a porta, viu, na semiobscuridade daquele compartimento que lhe era familiar, o corpo de Isabel no leito.

Aproximou-se e ouviu-lhe a respiração.

Sentiu-lhe o hálito de vinho fermentado.

– Bêbada! – resmungou o jovem.

Ergueu-se e examinou o cômodo.

Algumas peças de roupas masculinas estavam espalhadas desordenadamente, por todos os cantos, e, apanhando algumas, examinou-as, apercebendo-se de que não eram as suas.

Isabel ressonou e resmungou!

※ ※ ※

Manolo, sentado ao leito, estava diante de Isabel semirrefeita.

– E onde estão Paco e Ruiz, com quem deixei dinheiro para que você se cuidasse na minha ausência?!

– Estão... mortos!

– Mortos?! – espantou-se Manolo. – Como... mortos?!

Isabel, sentando-se ao lado do leito, cabeça recostada ao colo de Manolo, suspirou temerosa e, coração angustiado, como que temendo pela sua própria vida, informou:

– Dizem que, numa certa noite, assaltantes de estradas os surpreenderam numa emboscada! E, como os dois reagiram, tentando salvar suas montarias e suas bolsas... tiraram-lhes a vida!

Manolo estremeceu, desconfiado.

– Não acredito!

– É o que dizem, Manolo! E cheguei a ver--lhes os corpos desfigurados, antes do sepultamento! E somente não pude lhe dar notícias por ignorar em que parte deste mundo você se encontrava!

O jovem levantou-se, nervoso.

✳ ✳ ✳

O Sol diluíra as brumas da manhã.

Comprando uma montaria num estábulo próximo, Manolo saiu a esporear raivosamente o animal pelos caminhos tortuosos que o levariam até a herdade de seus pais.

Seus olhos estavam congestionados.

Passara pela cantina e recolhera informações que confirmavam o relato feito por Isabel e, no fundo de sua alma, sentia-se tão inseguro que julgava ouvir tropéis à sua retaguarda.

– Maldição! – exclamava revoltado. – Maldição!

E, sentindo o suor de sua montaria a empapar-lhe a roupa, encurtou as rédeas, estacando o cavalo, que resfolegava a alguma distância daqueles recantos tão conhecidos.

Ouviu o silêncio do campo!

Desmontou e, tomando as rédeas em suas mãos, caminhou lento e expectante, contemplando, de longe, a grande edificação que lhe veio à lembrança, uma noite escalara furtivamente para abreviar a vida de Dom Fernando de Castilhos.

Deu mais um passo à frente.

– Estranhos não podem entrar! – barrou-lhe a passagem um noviço robusto e agressivo. – Esta herdade é da Igreja!

– Mas... eu sou Manolo de Castilhos!

Outro noviço aproximou-se.

– Problemas? – indagou daquele que impedia o avanço de Manolo.

– Ele diz que é Manolo de Castilhos!

O jovem, exausto, sentiu-se examinado por olhares duros e, ao mesmo tempo, curiosos, estremecendo qual se punhais de aço lhe penetrassem o peito ofegante.

– Quero... rever minha mãe! Maria de Jesus!

Os noviços entreolharam-se, inflexíveis.

– Nesta propriedade – disse um deles –, não há mulheres!

Manolo, algo arrogante, disparou:

– Parte desta herdade é minha! Minha e de Padre Damião!

19

SURPRESA E DOR

UMA ESCARAMUÇA SE INSTALOU À PORTA de entrada, com clérigos num violento entrevero, espancando impiedosamente a Manolo, opondo-se a que tivesse acesso ao Padre Damião.

– Quero ver o maldito! – vociferava o jovem, debaixo da pancadaria. – Deixem-me entrar!

– Ordem! – ouviu-se a voz de comando de Damião, que viera certificar-se do ocorrido. – Ordem!

De imediato, tudo cessou!

– Deixem-no entrar!

E, dirigindo-se a Manolo, num tom frio, determinou:

– Siga à minha frente! Vamos recolher-nos em meu gabinete de trabalho, onde poderei ouvi-lo!

Manolo, procurando recompor-se, sem desafivelar a máscara de ódio de que se transvestira, tomou imediatamente a dianteira, seguido pelo ardiloso clérigo.

E, já no gabinete, sentaram-se, frente a frente, com Damião irônico, arrogante, absoluta e friamente controlado.

***

– Que me fez você, Padre Damião?! Esqueceu, porventura, nosso acordo?! Quero a minha parte na herdade! E quero, também, saber onde está minha mãe!

Damião deixou-o desabafar.

E, com notável autodomínio, sem traços de temor, por saber-se protegido pelas dezenas de olhos dos clérigos, que estavam a poucos passos deles, Padre Damião afirmou:

– Não há parte sua naquela herdade, Manolo!

O jovem estremeceu, e Damião predominou:

– Com fundamento no processo da Santíssima Inquisição, em que você foi a principal e mais ardente testemunha de acusação, concluímos que seus pais estavam mancomunados com o herege Domingues, dando-lhe inteira cobertura e, com isso, traindo todos os votos de subordinação e fidelidade a nossos princípios de fé.

Pausa ligeira e espanto de Manolo.

– Assim – prosseguiu o frio Padre Damião –, por esse mortal crime de dupla heresia, o Santo Ofício determinou o confisco de todos os bens de sua família, e, por isso, nada lhe resta reclamar, Manolo!

O jovem, aturdido, arfava.

– E... minha mãe?!

– A sua mãe, Manolo, por ato de extrema compaixão da Igreja, foi simplesmente posta para fora da herdade... sem ser molestada! E, por intercessão de minha misericórdia, não lhe foi aplicada a pena de prisão perpétua, que o crime da heresia exigia.

O jovem sentiu-se impotente.

– E... minhas dívidas?!

Damião estampou um sorriso gélido, quase indiferente, mas se dispôs a completar o quadro doloroso, informando-lhe:

– Guardo as suas confissões de dívidas,

Manolo! E se, a breve tempo, eu não receber notícias de sua mudança para cidade muito distante desta região, serei obrigado a denunciá-lo à justiça, pedindo a sua prisão imediata, por ser um devedor relapso e um perigo de mau exemplo para a juventude desta terra!

* * *

Manolo, arrasado, caminhava como se fosse um morto! Sentia, sobre si mesmo, o esmagador peso da fatalidade e da justiça, aceitando-se qual um náufrago em mar encapelado, sem tábua ou mão que lhe trouxesse esperanças de salvação.

Soubera que sua mãe, Maria de Jesus, estava num bairro de sofrimento e, por isso, vagava, Manolo, de casebre em casebre, a sua procura, indiferente às ameaças de Damião de mandar prendê-lo por dívidas.

– Ah! – disse-lhe, finalmente, uma mendiga esfarrapada e suja, depois que Manolo lhe colocou na palma da mão uma moeda de reduzido valor.

– É a Maria de Jesus, a caridosa, que você procura? Se é essa tal de Maria de Jesus, vá por aquela viela!

Manolo obedeceu, arrasado.

Deixaram-no entrar numa misérrima choupana e, posto lá dentro, levaram-no a um cômodo obscuro, sombrio, úmido, de onde exalava um mau cheiro quase insuportável.

– Aí está ela! – disseram-lhe.

Manolo inspirou fundo, mal acreditando no que via.

E, caindo de joelhos ao chão, junto a um leito de palhas, debruçou-se em lágrimas sobre o corpo hirto, após reconhecê-lo, na face macerada e nos traços de sofrimento... era a sua mãe, Maria de Jesus.

Viu-se nos olhos imóveis de Maria.

Sufocado, contemplou-a morta. Soluçante, desceu-lhe as pálpebras abertas, cerrando seus olhos, e, semienlouquecido pela dor que lhe assaltava a alma, ali permaneceu a chorar convulsivamente.

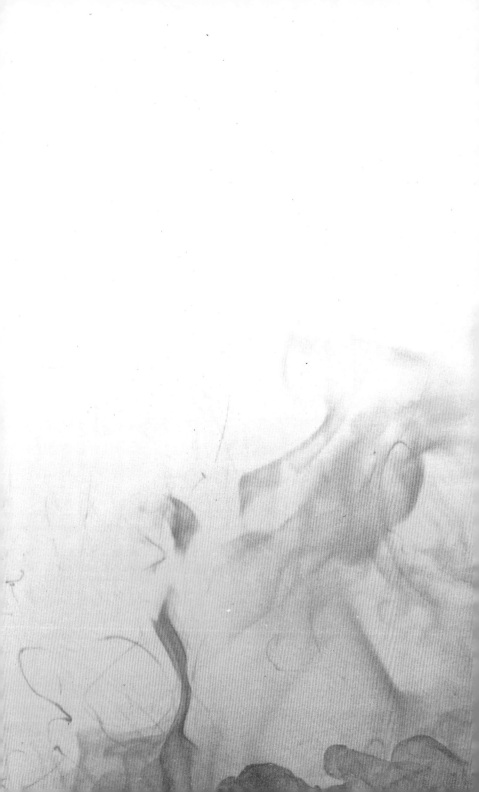

Século XVIII

CAVERNAS DA DOR

Segunda parte

20

NA ESPIRITUALIDADE

Manolo, naquelas brumas, perdera a noção do tempo.

Vestia-se de farrapos!

Olhava para as suas próprias mãos calosas, vendo seus dedos terminando em unhas longas e disformes, parecendo-lhe estar provido de garras e não de mãos finamente tratadas!

Suspirou, sob lembranças de seu passado!

Não era mais um fidalgo da nobreza espanhola.

Sentia-se um réprobo, cuja consciência fervilhante quase o enlouquecia, em meio a nuvens tumultuadas em que lhe parecia rever Isabel e, logo a seguir, Ruiz e Paco... E sua mãe, Maria de Jesus... E seu pai, ardendo em línguas de fogo... E Padre Damião...

Ouviu o silvo de uma chibata!

E sentiu, nas costas já lanhadas, todo o ardor da violência que lhe era imposta. Reconhecia-se, agora, como mero escravo, obrigado a executar tarefas degradantes.

– Vamos, filho do inferno! – ordenava o feitor.

Aquele farrapo, do outrora dominador e doidivanas Manolo, transpirava suor e lágrimas, lágrimas e ódio, com a memória impregnada de recordações da herdade paterna.

Suspirou forte e cuspiu lama!

***

Manolo era um servo dos Vingadores.

Aquela colônia espiritual, verdadeiro antro de marginalidade, era povoada de farrapos humanos, desligados do corpo físico após se terem rebaixado aos últimos degraus da perversidade.

Lá é que despertara Manolo, depois da morte!

Era simplesmente mais um entre os demais que haviam palmilhado, quando reencarnados, os mesmos caminhos do crime, da traição, da irresponsabilidade longamente cultivada.

Ali, quase não se ouviam vozes humanas. Eram guinchos, urros, brados, quase que regurgitados por bocas que desconheciam sorrisos.

Manolo caiu, emborcado, ao solo úmido, pegajoso e com gosto de podridão, numa crise em que as lágrimas se mesclavam ao ódio e, ali mesmo, foi submetido às torturas dos feitores.

***

Bem próximo a seu rosto, Manolo viu os dentes afiados e aterrorizantes de ferozes cães enlouquecidos, que rosnavam, ameaçadores, soltando baba e prontos a estraçalhá-lo.

Os guardas, aplicando-lhe pontapés no fígado, mantinham os cães sobre fortes correntes de ferro, mas os deixavam se fazer tão próximos de Manolo, que ele sentia que poderia ser transformado em mil pedaços.

– Se tentar fugir, eis o que lhe será reservado! – assegurou-lhe um dos guardas que, atirando um naco de alguma coisa, deixou os cães soltos a estraçalhá-lo. – Vê, por aí, seu futuro!

E, obrigando Manolo a soerguer-se, levaram-no a compor uma imensa fileira de degredados, tão infelizes e esfarrapados quanto ele mesmo e que se movimentavam sob o som das chibatas.

* * *

Arrastando-se, lento, debaixo da dor das costas lanhadas, a imaginação de Manolo reencenava, repetidamente, os atos do seu dia a dia, repassando as fisionomias de Paco... de Ruiz... de Isabel, e, entenebrecendo-o ainda mais, via Padre Damião a anunciar-lhe todas as desgraças que lhe marcaram as últimas horas de sua desencarnação.

O outrora jovem fidalgo alimentava-se de ódio!

21
DEPOIS DA TEMPESTADE

Manolo, sorrateiro, arrastava-se por charcos lodacentos, águas imundas e pestilentas, estancando, de instantes a instantes, dominado por um grande terror dos cães enlouquecidos.

Já não ouvia seus ganidos!

Fugira da cidadela dos Vingadores!

Ofegante, exausto, já quase esgotado de todas as suas forças, deitou-se ao solo pantanoso, em meio a uma paisagem de arbustos ressequidos que destacavam, ainda mais, o clima de desolação naquele recanto ermo e profundamente depressivo.

Ouvia, agora, gemidos e lamentos!

Sentindo a própria pele a requeimar, exalando um odor de carne queimada, inutilmente erguia os olhos, buscando alguma nesga de luz.

Deparava-se, aterrorizado, apenas com nuvens densas que se enovelavam sobre a sua cabeça, num rugido surdo, ameaçador, fazendo mais sombras naquele charco em que a luz do sol não penetrava.

Súbito, faíscas caíam do alto.

Raios se cruzavam e entrecruzavam no firmamento, descendo céleres sobre a paisagem ressequida, criando focos de incêndio por todas as partes e acusando ainda mais o infeliz!

A tempestade surda como que se multiplicava pelo chão, levantando línguas de fogo, em meio a uma fumaça densa, consumindo o que havia pelo solo e escurecendo, ainda mais, o firmamento.

Guinchos e urros foi o que se ouviu a seguir, como se uma manada de feras enfurecidas, sacudida pela tempestade de raios, crescesse na direção do local em que ele se encontrava.

O jovem quedou-se hirto, acuado!

Depois, contudo, veio o silêncio.

* * *

Agora sentado, embora de coração em sobressalto, Manolo se atirava à vegetação rasteira, arrancando-a com garras agudas e passando a comê-la vorazmente para saciar-se e, entre um e outro bocado daquela refeição singular, parava para ouvir.

Não existia som!

Era silêncio absoluto!

E, sentindo a dor crescer em toda a pele de seu corpo, enterrou as mãos no charco, remexendo uma lama putrefata e, em seguida, com aquela lama untava seu próprio corpo, buscando refrigério.

Subitamente, seus cabelos se eriçavam!

Ouvidos atentos, recolheu o eco de uma manada que se encaminhava na sua direção, com patas que feriam o chão, em mistura com o gralhar agourento de aves estranhas que sobrevoavam, rentes, sobre a sua cabeça.

O degredado levantou-se, atemorizado.

Vasculhou, com os olhos, ao derredor, procurando algum abrigo seguro e, de súbito, entre trevas, descortinou o que lhe parecia a entrada de uma caverna.

Correndo e arrastando-se, suando e sofrendo temores mil, chegou à bocarra escura e, não se detendo a estudá-la, mergulhou por um labirinto de paredes absolutamente escuras.

Lá dentro, parou e resfolegou.

Quando conseguiu acalmar-se, apercebeu-se de que alguém mais ali deveria ter buscado abrigo, já que pressentiu a presença física de outros vultos a se moverem naquele antro.

Deu dois passos, sem ver, e tropeçou.

– Maldição! – ouviu essa imprecação numa voz que lhe soou como familiar.

– Quem... está aqui?! – indagou a medo Manolo, repetindo: – Quem está aqui? Pois... conheço essa voz!

– É... você, Manolo?! – foi a resposta. – Com os infernos, é você, Manolo?!

– Paco?! Ruiz?! – explodiu Manolo.

– Somos nós, sim! – confirmou Paco, arrastando o jovem disforme e sofrido para junto deles.

– Somos nós, sim!

– Vocês estão vivos! – dizia e apalpava-os Manolo.

Ruiz, irônico, numa voz respingada de profunda amargura, informou:

– Somos, como você, "mortos vivos" depois do túmulo!

– Que fazem vocês aqui?!

Paco, amargurado, relembrou que tinham sido testemunhas no Tribunal da Inquisição, e que depois, quando Manolo se distanciara, tinham sido assassinados por comparsas do Padre Damião.

– Então... foi, também, obra de Damião?! – espantou-se.

— O velhaco não queria deixar rastros! Mandou matar-nos sem saber que, com isso, atraía-nos, de modo inapelável, para a sua própria companhia e, assim, ganhou a inimizade destas sombras!

Um gemido doloroso veio do mais fundo.

— Ah! Almas dos Céus! — ouviu Manolo o estranho e surpreendente apelo. — O Senhor me mandou um Salvador!

E Manolo viu, saindo das sombras, o velho Damião.

— Veio buscar-me! — falava e tateava, às cegas. — Veio buscar-me para levar-me ao Paraíso, que fiz por merecer!

— Maldito! — vociferou Manolo.

— Quem... quem me fala?! Oh! Fui um benfeitor de pobres! Sacrifiquei-me para purificar almas que se transviaram do caminho dos Céus! E quem me... fala?

Manolo segurou-o, com mãos em tenazes pelos ombros, sacudindo-o.

— Filho do Cão! O fogo eterno há de devorar-lhe as entranhas!

22
ONDE NÃO HÁ LUZ

ALI NÃO HAVIA NOÇÃO DE TEMPO!

Ao se sentirem mais enregelados, não se sabendo se pela temperatura que caíra ou se por fruto do desencanto, acenderam pequena fogueira no mais fundo da caverna.

Padre Damião ficou ao longe, acorrentado.

Manolo, rompendo o silêncio, naquela estância de uma vida desconhecida, indagou de seus comparsas:

— Tiveram alguma notícia... de Isabel?

Ruiz, sarcástico, resmungou:

— Ela se tornou mulher de todos! E... nos seus derradeiros dias de vida, em nossa cidade, era vista a perambular sem rumo!

— Também... está morta?

Paco, menos duro, e que sempre escondera de Manolo a sua queda por Isabel, entressorriu, informando:

— Algumas vezes... ela vem aqui!

— Vem confortar-nos! — complementou Ruiz, secamente. — Já que, embora Espíritos e bestializados, continuamos humanos e feitos de voragens de paixões, Manolo!

O jovem estremeceu com a frieza.

— E não há o que reclamar, Manolo! — inteirou Ruiz, atrevidamente. — Somos homens... E, afinal, você a abandonou completamente, após ter usado e abusado de seus carinhos.

Manolo calou-se, contrariado.

Seu ódio, agora todo ele centralizado em Damião, crescia a cada nova revelação ou acontecimento e, por isso, passara a realizar diárias sessões de torturas, submetendo o ex-clérigo às mesmas atrocidades que ele impusera aos que lhe haviam caído às mãos.

* * *

– MANOLO! – entrou correndo Paco, quase sem fôlego. – Temos visita!

– Que visita? Mensageiros dos Vingadores?!

– Não! Mas venha e... veja com os seus próprios olhos!

O jovem, aplicando mais um pontapé em Damião, e o deixando desacordado, consumido ainda pela fome e pela sede, em crises de delírio, seguiu a Paco.

Do escuro do interior da caverna sombria, distinguiu uma luz serena, que o incomodava e a tudo parecia envolver.

Colocou a mão espalmada sobre os olhos,

como que a abrandar a luminosidade e, mesmo assim, não sabia se estava diante da luz solar, que não se irradiava naquelas paragens.

Distinguiu alguém!

– Quem... é?! – indagou, sentindo-se estremecer, como que se uma repentina febre lhe invadisse o corpo semicadavérico. – Quem é você?! – tornou a indagar.

E o visitante, em se aproximando a passos lentos e serenos, colocou a mão sobre o ombro do ofuscado Manolo, que, ao senti-la, estremeceu.

– Sou eu, Manolo!

O jovem afastou-se, atemorizado.

Num gesto de quem pretendia fugir daquela visão, Manolo, atormentado, não conseguiu se mover.

– Domingues! – balbuciou.

E Domingues, recolhendo a própria claridade em que se envolvia, como alguém que se aprestava a dialogar com a trevas, aproximou-se mais e mais.

– Não! Não me castigue! – gritava já semitresloucado Manolo. – Sei de todo mal que lhe fiz!

– Não venho lhe cobrar dos gestos de desajuste, menino Manolo! Venho, ao contrário, apelar a seu coração para que me entregue Damião, liberto de suas torturas!

– Você... quer vingar-se... também?!

– Não, Manolo! Não trago o meu coração envolto pelas sombras do rancor! E tanto me penalizo de Damião quanto sofro em ver-lhe, meu menino, chafurdar-se, continuando a criar rastros de dor.

– Não acredito no que ouço! Testemunhei contra você, e, pelo crédito de meu testemunho, você foi levado à fogueira... sob as minhas falsas acusações!

Domingues, compassivo, ponderou:

– Antes falsas que verdadeiras, Manolo.

E, em seguida, apontando a Damião, que Domingues parecia ver dentro das sombras, aquele mártir da fogueira da Inquisição assegurou a Manolo:

– Deixe-me levar Damião!

– Vai... entregá-lo ao inferno?

– Não há inferno, meu menino, a não ser dentro de nossa própria consciência, quando somos chamados pelo Juiz da Razão!

– Não lhe entendo, Domingues! Que pode querer, então, com Damião?

– Em vendo o quadro lastimável que se agravava, utilizei o direito da intercessão, em nome do amor. E, por tal razão, alcancei o direito de conduzir Damião ao encontro de uma nova reencarnação, meu menino! E, por isso, em nome do carinho que sempre lhe dediquei, permita-me levar o seu prisioneiro!

– Ele... terá nova vida?

– Sim! Assim como acontecerá com cada um de nós, ele terá a oportunidade de esquecer esta vida. Os maiores devedores sempre devem ser reconduzidos ao crivo de vida nova, para que resgatem e se redimam de todos os seus enganos!

– Mas... ele é um sórdido e cínico criminoso!

– E quem de nós não o seria?!

23

MUITOS ANOS DEPOIS

UMA EXPRESSIVA MULTIDÃO DE ESPÍRItos endurecidos pelo Mal reunia-se defronte a Caverna da Dor.

São carantonhas sombrias.

Cada um deles, embora carregando frustrações e, também, as reações naturais das dores que haviam semeado em outras criaturas – neste momento, assumiam a posição de vítimas do destino.

Guardavam a postura dos ofendidos!

Um movimento de expectação.

Surgiu, de entre as sombras, um Manolo envelhecido, tez pálida, porejando vilania, faces encovadas e olhos frios, impiedosos.

Postou-se diante da turba barulhenta, inquieta.

– Hoje, começa o nosso mais glorioso dia! – anunciou Manolo, tomando a posição de incontestado líder das Sombras. – Voltaremos às nossas cidades e aldeias, onde deixamos desafetos, a fim de fazermos justiça!

– Justiça! Justiça! – ululavam seus comandados. – Persigamos os cães humanos! Vamos matá-los, um a um!

O líder ergueu a mão esquerda.

– Não devemos matá-los, já que a morte poderá redimi-los, e, também, porque poderão receber assistência dos Servidores do Cordeiro! Vamos, isto sim, envilecê-los, perturbando-lhes a consciência com desentendimentos, ciúmes, cobiça de bens alheios, com desconfianças, a fim de que se rebaixem em seus sentimentos.

Alguém, na turba, agitou-se, gritando:

– Você acha que, assim, venceremos?

– Basta fazê-los descer a nosso nível mental, que o nosso desequilíbrio se transferirá a eles e, assim, nós os faremos escravos de nossos desejos e de nosso clamor de vingança!

***

Via-se, do Mais Alto, a nuvem pardacenta formada pelos Espíritos rebelados movendo-se na direção da cidade!

Era o plano de obsessão coletiva, em que todos os que estivessem longe das orações e que não vigiassem as suas inclinações menos felizes cairiam, nas vascas do sofrimento, por si próprios.

Os que aplaudiam, em praça pública ou das janelas de suas casas, os crimes hediondos da Santa Inquisição, eram os primeiros alvos daquele grupo de seres confusos e sofredores.

Apelos dos Céus desciam à Terra.

*＊＊

Manolo, seguido por Ruiz e Paco, e secundado por seres em crises de rancor, tomava a direção do arrabalde.

– Aonde vamos? – indagou Paco.

– Em busca do Padre Damião! – informou secamente Manolo. – Já que somente ele é quem me interessa!

– E... onde encontrá-lo?

– Vasculharemos este bairro, e, pelo que sei, Padre Damião está num destes casebres miseráveis!

*＊＊

Estavam diante de uma casa pobre.

Os sinais de fome e miséria se denunciavam em todas as partes, e com isso, Manolo hesitou.

– O velhaco estaria aqui? – questionou Paco.

– Não me parece um lugar com o gosto de riqueza, natural no velho Damião!

– Varejemos todos os casebres! – ordenou Manolo e, de imediato, entrou naquele que se encontrava à sua frente. – Domingues quis escondê-lo num corpo novo!

Rápidos, e atentos, foram de cômodo a cômodo.

— É inútil! Não deve estar neste cortiço! — advertiu Paco.

Um choro de criança.

Com a força de um vendaval, os três adentraram a um cômodo situado no fundo de um quintal sujo, malcuidado, com ares de abandono.

O choro ficava mais forte.

Os três pararam à porta da choça.

Entraram, corações aos saltos.

Sofrida jovem, desgrenhada e de vestes rotas e imundas, dava um ressequido peito a uma criança rebelde e que, na fisionomia, trazia os traços marcantes de retardo mental.

— Será... esse, o Damião? — espantou-se Paco, quase comovido ante o que seus olhos viam. — Não, não creio que seja Damião! Ele não aceitaria renascer numa pocilga!

Manolo aproximou-se daquela mãe.

Era quase menina-moça, com lágrimas nos

olhos, e um olhar vago, vazio, distante, característico de criaturas com alienação mental.

O ex-nobre, da família dos Castilhos, demorou-se a examinar o aspecto externo da criança embalada no colo maternal e, fixando o seu arguto olhar, penetrou-lhe a intimidade da mente e, a seguir, mastigando seu próprio rancor, contrariado, explodiu:

– É... um retardado! Um imbecil!

– É... ele mesmo, Manolo?!

– Sim! É o próprio Damião, sim!

– Que faremos?! – prorromperam Ruiz e Paco, ao mesmo tempo, enquanto seu líder quedava em silêncio.

Manolo porejava rancor!

– Que fazer?! – esbravejou Manolo. – Este Damião é um recluso, na cela de um misérrimo corpo disforme! E, assim, se ele vingar e crescer, dentro desta maldita choça, não será mais que um idiota a perambular pelas ruas, debaixo da chacota de todos.

E, após demorada pausa, exprimindo toda a sua contrariedade, assegurou:

– Damião é um louco... manso!

24

CRISE ESPIRITUAL

A CIDADE FERVILHAVA DE ATRITOS.

Senhores, com vestes de nobreza, de súbito entravam em convulsão, caindo sobre pó ou sobre lama, de olhos vidrados, bocas espumando, sufocados!

As janelas das casas eram fechadas com estrondos, enquanto lá dentro se digladiavam familiares, debaixo de retaliações extremadas e profundamente dolorosas.

A própria Igreja estava em conflitos!

Clérigos, acolhendo fiéis para os momentos dos cultos exteriores, assumiam os altares e os púlpitos em dolorosos espetáculos de perturbação, e os confessionários se erguiam como antessala de crises sexuais.

Os escândalos se multiplicavam!

* * *

Manolo e seus sequazes mais próximos buscaram a antiga herdade dos Castilhos.

Foram recebidos, aos gritos de vitória, por uma chusma de revoltados que, invadindo a intimidade das casas, fomentavam atritos, ambição e dolorosos desencontros.

– Destruamos a tudo e a todos! – bradavam os mais extremados, convocando os demais para envolverem os clérigos e incendiarem, por meio dos corações desajustados, toda a propriedade.

Manolo estremeceu!

Sentia-se exausto!

Como permitir que, por uma segunda vez, os sonhos e o céu de seus pais fossem injuriados?

Apercebera-se, tarde demais, que seus comparsas haviam extrapolado a tudo... e que nada conteria aquela malta de lobos vorazes e de coração petrificado!

***

O líder suspirou.

Solitário, ouvindo clamores desordenados, levantou-se.

Já quase enfadado, não mais sentindo regozijo pelo desequilíbrio instalado em quase todos os lares, dirigiu, instintivamente, o seu olhar para um recanto distante daquela herdade de seus pais.

Deu dois passos.

– Aonde vamos? – indagou Paco, ao vê-lo alheio e transtornado.

– A lugar nenhum! – afirmou Manolo, já não

tão seguro de suas decisões de vingança. – A lugar nenhum!

Paco retirou-se, procurando Ruiz.

O ex-nobre, de olhos congestionados e ar infinitamente amargoso, lentamente caminhou, deixando-se atrair pela força de um estranho magnetismo, ao antigo pouso de Domingues.

Parou diante da soleira!

Aquela tinha sido a casa!

Deixou-se invadir pelas imagens do passado distante, revendo-se a percorrer o jardim de seus pais, levado pelas mãos de Domingues, o jardineiro.

Sentiu, novamente, a mão calosa tomando a sua, deixando-se levar entre arbustos bem cuidados e flores perfumadas.

Não conteve duas lágrimas de saudade!

– Entre, menino! – ouviu Manolo, em doce convite, na voz serena de Domingues!

Estremeceu, involuntariamente.

– Não são apenas doces e encantadoras recordações de sua infância, meu menino! – ouviu claramente de Domingues, que se corporificava sob o seu olhar. – Estou aqui, Manolo!

E Manolo, qual ocorria em sua infância, correu aos braços abertos de Domingues e caiu, exausto, sob seus pés, numa crise de soluços, num espoucar de dores sufocadas.

25

REENCONTROS

Manolo, estranhamente exaurido, desmaiou.

Caíra desacordado!

Seu peito arfava, entre soluços e pesadelos, agitando-se e acalmando-se, ali naquele mesmo chão que ambicionara possuir e que, ao mesmo tempo, odiara extremadamente.

Domingues, a um sinal silencioso a socorristas que compareceram a seu lado, cuidadosamente tomou aquele corpo em seus braços, com extremos de ternura, fazendo-o repousar na maca.

– Retornemos ao Abrigo dos Castilhos! – ordenou resoluto.

De longe, contudo, Paco entrevira a cena, percebendo que Manolo seria retirado daquela herdade, sob o comando de Domingues, e, incontinenti, passou a estertorar:

– Os Servidores do Cordeiro estão raptando nosso líder! Os Servidores do Cordeiro vão levar o nosso chefe!

Subiram gritos de revolta.

A massa de Espíritos perversos, que predominavam naqueles instantes de provações coletivas e individuais, de pronto avançou contra a vivenda do ex-jardineiro, ameaçando resgatar, pela força dos braços, aquele que os comandava.

Cães bravios rosnavam ameaçadores, impedindo o assalto.

E os que ali estavam, perplexos e porejando ódio, viram apenas estranhas luzes tomando o rumo do Infinito!

– Covardes! – gritavam alguns.

– Enfrentem-nos! – desafiavam outros.

✳ ✳ ✳

Um leito na extensa enfermaria.

Manolo, a custo, reabriu os olhos e se fixou naquele teto alto, sem coragem de olhar à sua volta.

Refugiando-se em si mesmo, cerrou os olhos!

Ouviu gemidos, reclamações, imprecações – sem ânimo para manter-se de olhos abertos, aprofundou-se, por isso, numa infinita sensação de desconforto.

Súbito, estremeceu!

Sentiu que delicadas mãos lhe tocavam... e estremeceu a medo, sem ânimo para reagir e, ao mesmo tempo, possuído por um desejo desesperante de fugir, de voltar a se reinternar nas Trevas.

E estremeceu mais, a cada novo toque!

– Manolo! – falou-lhe Domingues, solícito e brando. – Abra seus olhos, menino! Alguém quer vê-lo e ser visto por você!

O envelhecido nobre estremeceu, qual se uma febre intensa e devoradora o invadisse, retirando-lhe a vontade de viver.

Sentiu-se esmagado.

– Filho! – ouviu, qual se alguém buscasse penetrar na sua intimidade de alma compromissada com mil descalabros. – Sou eu, filho!

Sentiu que lhe tomavam a cabeça, repousando-a num colo macio.

Ele entreabriu os olhos, estremeceu e tornou a fechá-los, não contendo o amargo soluço que quase o sufocava, num misto de dor e de intraduzível vergonha.

E, sofredor, não resistiu mais.

Fixou os olhos, semiabertos, e, sedento de paz, beijou enternecidamente as mãos alvas, delicadas, e, lavando a própria alma num banho de lágrimas, balbuciou:

— Maria... de Jesus!

— Amado filho meu! — foi tudo que ouviu e sentiu!

E, em lágrimas, buscando o colo materno, assim como quem procura reencontrar a vida, o pranto convulsivo, regado a lágrimas de vergonha e gratidão, explodiu definitivamente.

— Amado filho meu! — repetiu-lhe a mãe, na expressão do amor.

Domingues retirou-se discretamente, deixando mãe e filho enlaçados.

26

ABRIGO DOS CASTILHOS

Numa cadeira confortável, Manolo foi levado ao extenso jardim que circundava aquela edificação, em plena região umbralina, e que recebia o nome de Abrigo dos Castilhos.

Sabia-se, Manolo, próximo das Trevas.

Por aconselhamento de Domingues, contudo, após ter deixado a enfermaria, deixava a mente espairecer e se aquecia aos raios suaves do sol, que se mostrava no firmamento.

— Mamãe quase não me visita! — reclamara a Domingues, que lhe dava ouvidos e atenção. — Guardaria ainda... mágoas no coração?

O seu bom protetor sorriu.

— Nenhuma mágoa, Manolo, e, principalmente, porque, neste pouso espiritual, mágoa é enfermidade dos sentimentos, e a nossa Maria de Jesus não é enferma!

Manolo estremeceu, contrariado!

— Quando você se restabelecer — prosseguiu Domingues —, perceberá que a sua mãe é a mãe de todos os sofredores que são recolhidos neste abrigo. E, por isso, por mais amor que lhe devote, jamais voltará a ser escrava submissa de suas exigências.

O doente sentiu-se envergonhado.

— É hora de crescer, Manolo! Você deverá conquistar a sua maturidade espiritual, sem aguardar que outros, em nome de laços de família, venham a assumir os encargos que lhe cabem.

— Eu... não me queixo!

O convalescente, naquele instante, sentiu que duas mãos repousavam em seus ombros... e estremeceu, involuntariamente.

Domingues sorria enigmático.

O doente, em curso de recuperação, perdendo ainda mais a cor das faces, sentia o coração pulsar-lhe à boca.

— Filho! — ouviu, num misto de temor.

A medo, voltando-se sobre si mesmo, quase a reerguer-se da cadeira em que se abrigava, Manolo despencou sobre a relva, aos pés de seu pai.

— Pai! Meu pai!

* * *

Pai e filho frente a frente.

Manolo, mais refeito, sentia-se como que esmagado pelo silêncio e, por si, preferia ver o pai aos brados, acusando-o de criminoso, do que estar ali, sentado à sua frente.

"Tirei-lhe a vida", refletia Manolo.

Fernando de Castilhos, recorrendo-lhe os

mais íntimos pensamentos, esclareceu-o, compassivo:

— Naquela fatídica noite, filho, vi-o entrar em meu dormitório, acobertado, aparentemente, por uma noite de tempestades! E acompanhei, da janela ao leito, cada um de seus passos. E, ao vê-lo espalhar combustível sobre meu leito, quis conter-lhe as mãos.

E, após breve pausa, como a censurar-se, Fernando complementou:

— Nada pude fazer!

— Eu... o matei, meu pai!

Fernando sacudiu a cabeça, negativamente.

— Não! Filho! Não! Em verdade, quando você acendeu o fogo, eu já havia deixado o meu corpo, transitando para a morte. Eu já desencarnara, e, por isso, você não me matou!

O filho perdera inteiramente a cor!

***

Semanas depois... Manolo, já reconciliado com as suas vítimas, aquelas que ali se encontravam no amorável abrigo erguido pelos seus pais, foi convocado por Fernando a um encontro em seu gabinete.

— Vou trazê-lo para ajudar-me aqui!

— Em... seu gabinete, meu pai?

— Tenho muito trabalho, filho! Natural, por isso, que procure alguém de minha intimidade e confiança para repartir as enormes responsabilidades que nos desafiam!

O jovem, sem hesitação, recusou a oferta.

E, em seguida, reafirmou:

— Não, meu pai! Não sou digno de lhe compartilhar as tarefas redentoras. Sinto-me, ainda, alguém compromissado em longos rastros de dor, que deixei por minhas passagens!

— E por isso tudo, convém-lhe uma tarefa!

— Compreendo, meu pai! Reconheço as minhas necessidades! Convém-me uma tarefa, sim! E por isso rogo-lhe que me permita ser auxiliar do último dos seus colaboradores neste Abrigo dos Castilhos!

27

HORIZONTES NOVOS

O SALÃO ERA AMPLO E ACOLHEDOR NO Abrigo dos Castilhos.

A pequena Assembleia se instalara.

Eram egressos das Sombras que, em reconhecendo seu próprio e doloroso passado na Terra e na Espiritualidade, ali compareciam em busca de trabalho regenerador.

O Instrutor advertia:

— É provável que tenhamos de nos defrontar com antigos comparsas e, naturalmente, seremos desafiados pela ironia e pelo cinismo! Nessa hora, contudo, deveremos esquecer de nossas armas, já que não nos cabe mais usar antigos petrechos de terror e de torturas!

Alguém se levantou.

— E se eles nos agredirem?

— O Senhor Jesus — ponderou o Instrutor — recomendou-nos oferecer a outra face.

— Ah! — prorrompeu um deles. — Não levo desaforos para casa!

Alguns sorrisos se esboçaram.

O Instrutor revelou autodomínio.

— Sabemos — disse ele — dos valores falsos de que nos alimentávamos até ontem. E até eu, há pouco tempo, diria o mesmo que você nos diz.

Silêncio desconfortável.

— Teremos, a partir de agora, cada um, de

lutar contra o seu primeiro impulso, já que retribuir violência por violência não enseja a formação de clima do refazimento e vida nova.

Manolo levantou-se.

– Posso fazer uma sugestão?

– Teremos que sugerir, uns aos outros, o que mais contribua para que criemos vida nova, dentro de nossos corações!

– Por que não nos organizamos em pequenos grupos, juntando companheiros de sentimentos afins, com um dentre eles assumindo o comando das pequenas expedições?

* * *

Os cães rosnavam!

Trilhas obscuras serpenteavam pelo terreno íngreme, algumas vezes invadidas por mãos em garras, que surgiam repentinas da margem do caminho, entremostrando carantonhas dolorosas.

Rosnavam tais criaturas como feras acuadas!

177

– Sigamos adiante! – comandava Manolo, reerguendo os novos propósitos de alguns de seus antigos comparsas. – As tarefas de redenção esperam-nos, além deste horizonte!

Tempo depois, cansados, acamparam.

Muitos se estenderam, exaustos, sobre o solo quente, sentindo a aspereza da relva crestada a roçar-lhe os corpos.

Névoa úmida se evolava.

Ouviram o rumor de passos pesados.

Colocaram-se em alerta, entreolharam-se.

Os cães se encolheram, ganindo.

O recém-chegado estacou.

Alto, forte, barbas longas e desgrenhadas.

– Quem é Manolo? – indagou em baixa e rouquenha voz.

– Sou eu? – levantou-se e identificou-se Manolo.

– Sou guardião destas paragens. E recebi aviso, do Abrigo dos Castilhos, de que vocês se dirigiam para cá, em tarefa de socorro! E me ordenaram ajudá-los!

※※※

Os novéis socorristas estavam atentos.

– Nesta região – esclarecia o guardião, em poucas palavras –, temos autores de horrorosos crimes! Fizeram muitos inimigos. Mas, arrependidos, necessitam de proteção, a fim de se redimirem!

– Então... temos, aqui, os protegidos! – explodiu um daquela caravana.

– Você, então, é um carcereiro! – aditou outro.

O guardião ensaiou leve sorriso.

– Ao que sei – informou rústico e simples –, temos aqui almas que complicaram demais o próprio destino, como informam os nossos dirigentes! E, se estiverem à vista de suas vítimas, atravessarão milênios caindo mais e mais a cada dia!

– A misericórdia! – espantou-se Manolo,

lembrando-se de si próprio quando recolhido por Domingues e recebido pelos seus próprios pais.

– A Misericórdia Divina!

***

O guardião, que ia à frente, levantou arbustos.

Colocava, assim, a descoberto, a entrada de uma furna úmida e sombria, e Manolo estremeceu involuntariamente.

Seu coração se descompassava.

Dolorosos gemidos, ecoando na furna, aturdiam-no, e, passo a passo, avançava e empalidecia, temendo estar próximo de um grande e inevitável desafio.

– Padre... Damião! – gemeu Manolo.

O Inquisidor, em delírio de consciência, debatia-se contra sombras, querendo pôr em fuga invisíveis e torturantes lembranças e, ao mesmo tempo, estertorava sobre o chão, como que sufocado por mãos invisíveis!

– Não me queimem! Não me queimem!

Manolo aproximou-se mais.

Sentia o próprio coração esmagado e se deixou possuir por uma piedade infinita, lágrimas a dulcificar-lhe o rosto, até então repintado por traços duros e amargosos.

Caiu de joelho ao lado de Damião e, num primeiro gesto de intraduzível carinho e de profunda piedade, abraçou o flagelado clérigo, trazendo-o ao encontro de seu peito.

– Um... anjo! Um... anjo! – murmurava a sofrida e cega criatura, acomodando-se aos braços de seu desconhecido benfeitor. – Salve-me do mal!

Manolo soergueu-se com o antigo desafeto em seus braços.

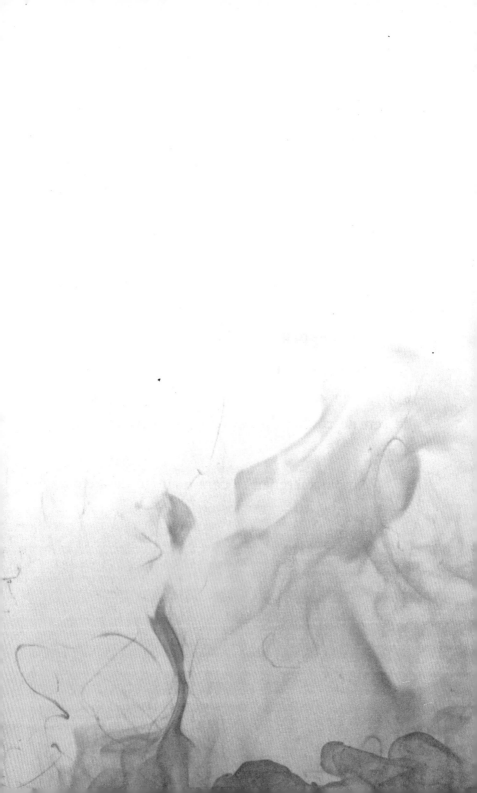

Século XX

BRASIL
Terceira parte

28
VIDA NOVA

Nervos à flor da pele.

Debaixo de um sol tropical, mãos nervosamente firmes no volante, transpirando abundantemente, Vasco Ruiz pressionava o acelerador do carro, parecendo alguém a lutar contra o tempo.

A ladeira, calçada com paralelepípedos irregulares, semelhava-se a uma via interminável, longa demais para a sua pressa e a exigir-lhe uma paciência que não tinha.

De soslaio, examinava Isabel, a seu lado!

Ventre volumoso, olhar distante, respiração compassada, acariciava o bebê que estava prestes a vir à luz, já que a bolsa d´água se rompera algumas horas antes.

– A maternidade, finalmente! – anunciou Vasco Ruiz, em seu visível transe de ansiedade. – A maternidade, Isabel!

Freou o carro à porta.

Desceu lépido, coração pulsando desordenadamente, lavado de suor, e, tomando Isabel pelas mãos, qual atencioso protetor, de pronto lhe ofereceu um dos braços como apoio.

Os poucos metros, entre o carro e a porta, pareciam léguas!

Uma enfermeira veio recebê-los na entrada.

***

Na sala de espera, Vasco Ruiz aguardava o

parto, deixando-se envolver em sonhos, antevendo um futuro feliz.

Um médico se aproximou, fazendo-o despertar.

– Você é o marido de Isabel?

– Sim, doutor!

– Temos algumas dificuldades com o parto! Assim, para que tudo saia bem, precisaremos recorrer a uma cesariana.

– Cesariana... doutor?!

– É uma pequena cirurgia! – aditou o facultativo. – É necessária neste caso, porque o bebê está atravessado, e a mãe tem bacia pequena, e, por isso, o parto natural só se fará com risco de vida para a mãe e para o bebê!

Vasco Ruiz inspirou fundo.

– Está bem, doutor Jorge! Faça o melhor, e que Deus guie as suas mãos.

* * *

A cada segundo, Vasco Ruiz consultava o relógio. Sentia que o tempo se arrastava lento, muito lento, enquanto a sua ansiedade crescia desordenadamente.

Queria estar ao lado de Isabel.

Tomar-lhe-ia a mão e, com mil beijos, lhe insuflaria ânimo, disposição, segurança, coragem...

Estalava, um a um, os dedos da mão.

Uma enfermeira veio em sua direção, e, tenso, quase a explodir em lágrimas, opresso, temeroso, Vasco Ruiz pôs-se em pé e foi ao seu encontro.

– Então?!

Ela lhe sorriu, confortadora.

– Seu filho acaba de nascer! – anunciou. – E o levamos ao berçário, em leito de emergência, para que se recomponha!

– É... um menino-homem?!

– É um belo menino, sim!

– E... Isabel?

– Logo estará no leito, no apartamento de sua escolha! Acalme-se que ela está bem!

– Graças a Deus!

* * *

O Sol esmaecia!

Vendo, da janela, o pátio da maternidade, parecia a Vasco Ruiz que o mundo ganhava novas cores... que as flores se engalanavam... que algo diferente ocorria!

Fitou seu carro estacionado à sombra.

"Ah! Quando estivesse de retorno ao seu lar", meditava, num sorriso brando, "terei Isabel ao meu lado, e, naturalmente, o nosso rebento estará nos braços de minha dedicada companheira."

Adentrou ao apartamento hospitalar.

Isabel o recebeu, envolvendo-o em doce olhar, indicando-lhe o filho, em sua primeira mamada.

Ruiz sentou-se à cama, acariciando os cabelos de Isabel!

– Filipe de Valência! – murmurou o embevecido pai. – Será esse o nome dele, em memória de meu falecido pai!

Isabel sacudiu a cabeça.

– Não, Ruiz! O nome dele, aquele nome que guardo em meu coração e com que o chamava e acarinhava, desde o primeiro dia de gestação, é outro e que me soa como música na alma!

– Mas...

– Se você não se ofender, querido, prefiro dar-lhe o nome, o nome com que o embalei em meu ventre.

– E... que nome terá?

Isabel, envolvendo a criança num olhar de profundo e insondável amor, afastou ligeiramente a criança de seu peito e, como se apresentasse ao próprio pai, enunciou:

– Eis, aqui, Pedro Manolo de Valência!

29

SEIS ANOS DEPOIS

É NOITE.

Um vento fustigava árvores, derrubando folhas lá fora.

Isabel, no singelo e acolhedor dormitório de seu filho, Manolo de Valência, sentada à beira da cama, recobria o garoto, em comum cena de ternura maternal.

– Hora de dormir – falou, carinhosa.

– Fique comigo, mamãe! Vamos dormir juntos!

– Não, filho! Nosso papai já deve estar impaciente ou, então, roncando a sono solto! – disse ela, em tom de graça e enlevo.

E reclinou-se para beijá-lo, embevecida.

E, de súbito, o garoto lhe enlaçou o pescoço num forte e amoroso abraço, a que ela se entregou gostosamente, retribuindo carinho por carinho e sentindo-se ditosa.

– Agora... durma!

E, após tornar a recobri-lo, levantou-se.

– Vou baixar a vidraça para você ficar mais quentinho – informou e se afastou do leito.

E, antes de fechar a porta do dormitório, de longe, beijou a palma da própria mão e assoprou na direção de seu filho:

– Um beijo, Manolo! Durma com os anjos!

– Você... também... mamãe!

***

A jovem mãe e dedicada esposa caminhou na ponta dos pés, cautelosa, para não acordar Vasco Ruiz, que ressonava, exausto, após uma longa jornada de trabalho.

Deitou-se ao seu lado.

Sentia-se a mais feliz das mulheres!

Num gesto manso, afagou-lhe os cabelos, como a querer fazer Ruiz repousar mais profundamente.

Acomodou-se ao longo de seu corpo, sentindo-lhe o calor e, ainda por uns breves minutos, achegou-se mais, até que o sono a fez descontrair-se... e ela dormiu.

***

Isabel, dormindo, agitou-se!

Sentiu-se desprender do casulo da carne e, atônita, sem controle de si mesma, demorou-se a ver o próprio corpo físico na cama, ao lado de Vasco Ruiz.

Sentiu-se duas: ela e o corpo em repouso!

Estremeceu!

Ouviu vozes e gemidos!

Aterrorizada, viu-se envolvida por sombras densas, pegajosas, e quis retomar o próprio corpo e recobrar a consciência, sentindo, no entanto, que não conseguia exercer a própria vontade.

Algo a mantinha paralisada!

A custo, arrastou-se na direção de Vasco Ruiz.

Quis acordá-lo... e não conseguiu!

Caiu em pranto convulsivo.

Arrepiou-se e sentiu alguém a seu lado.

– Não me odeie! – ouviu, sem saber de onde lhe chegava aquele comovente apelo. – Não me odeie, Isabel!

Ela se sentiu imobilizada!

Mãos repelentes, quais se tivessem saído de lama pútrida, tocavam-lhe o corpo espiritual, e ela se agitou, descontrolada, aterrorizada, querendo fugir do império da dor.

Proferiu, então, doloroso grito!

E acordou agitada, coração a pulsar desordenadamente, sentindo-se recoberta por um frio e úmido suor a descer-lhe por todo o corpo.

Escondeu-se às costas de Ruiz.

E soluçou, angustiada, fechando os olhos, por temor das sombras.

E, ainda assim, desperta e temerosa, tornou a ouvir:

– Não me odeie, Isabel!

30
CONSELHO MÉDICO

O MENINO, QUASE FURTIVAMENTE, JULgando-se a salvo dos olhos do pai, seguia na direção do dormitório do casal.

Girava o trinco, cuidadoso.

– Manolo! – e o garoto estremeceu ao ouvir a voz de seu pai. – Já lhe disse para deixar a mamãe descansar!

— Quero vê-la! Estar com ela, meu pai!

Ruiz, cenho franzido, denunciando preocupação e indisfarçado nervosismo, recolheu o filho em seus braços e o colocou sobre o colo, na sala deserta e meio em desordem.

— Mamãe... está doente! E, por isso, filho, deixemos que ela faça o repouso... e, logo, logo, volte a ter boa saúde!

✳ ✳ ✳

Isabel ouviu o diálogo da sala.

Quis, num gesto sobre-humano, soerguer-se... retomar o governo do lar... prestar assistência a seu espantado filho!

E tudo inútil!

Deixou-se estatelar no leito.

Dobrando-se sobre o travesseiro, deu vazão às suas lágrimas, abafando soluços e inconformação a fim de não perturbar, ainda mais, o clima doméstico.

Súbito, um silêncio profundo.

Ruiz, na sala, ouvidos atentos aos menores ruídos, deixou-se envolver por desagradável sensação e sentiu os cabelos do corpo eriçados, qual se um vento frio lhe visitasse o interior da própria alma.

Desceu o filho de seu colo.

A porta do dormitório abriu-se, num estrondo, e, na soleira, contra uma luz pálida, surgiu Isabel, de cabelos desgrenhados, fisionomia em máscara de sofrimento, olhos a saltarem das órbitas.

Um grito desesperado saiu-lhe da garganta.

Dois passos, sem direção, e seu corpo estremeceu, tombando em convulsões sobre o assoalho.

✻✻✻

Isabel abriu os olhos espantada.

Sentiu-se no leito doméstico.

Deparou-se com o médico.

– Doutor... Jorge! – balbuciou, temerosa.

O médico, recolhendo seus instrumentos na

bolsa, nessa sua visita domiciliar, procurou tranquilizá-la, falando-lhe em voz pausada, mas enérgica.

— Vou... morrer?

— Não, Isabel! Você, tão já, não será visitada pela morte! A sua saúde física é excelente! E, neste lar, você tem dois bons motivos para viver — afirmou, olhando a Ruiz e Manolo.

— Então... vou ficar louca?!

O médico suspirou.

— Doutor! Ela...

— Não, Ruiz! — interrompeu o médico, não o deixando avançar em conclusões precipitadas. — Não convém, a nenhum de nós, querer fazer diagnósticos apressados!

— E... que tenho eu?! — inquietou-se Isabel.

O médico olhou um e outro.

E, após breve e estudada pausa, informou:

— Queridos, a ciência humana ainda é limitada e nem tudo pode! Ser-me-ia cômodo, confesso-lhes, receitar-lhe algum tranquilizante, Isabel... e deixar tudo entregue à ação química dos medicamentos.

Ruiz, crescendo em seus temores, baixou a cabeça.

– Ela... não tem cura, doutor?

– Eu não afirmei tal coisa, Ruiz! Tranquilize-se, Isabel! – complementou o facultativo. – Afirmei, apenas, que a Medicina nem tudo pode!

– Pelos Céus! – explodiu Ruiz. – O que nos receita, doutor?

***

O médico pediu que passassem para a sala daquele lar, onde o menino Manolo se colocou nos braços de Isabel, junto a seu coração maternal.

Jorge acariciou o pequeno.

– Ruiz... Isabel! – iniciou, cauteloso. – Entre o túmulo e um novo berço, reinternando-nos no sanatório da carne, imperam as Leis Divinas, que nos tutelam a caminhada a fim de nos humanizarmos e aprendermos a vivenciar a Lei do Amor.

O casal entreolhou-se, espantado.

– Se há enfermidades – prosseguiu o médico – que alcançam o nosso corpo perecível, há também, em cada um de nós, um passado espiritual que, aparentemente, perde-se em nossa memória.

– O Senhor... – interrompeu-o espantada Isabel – é, por acaso... um espírita?!

– Você compreendeu bem, Isabel! E, por isso, quero recomendar-lhes, como medicamento mais eficaz, que busquem um agrupamento espírita, aqui mesmo na cidade, e se deixem tratar... os três!

31

EXPERIÊNCIA NOVA

RUIZ CONTORNOU A PRAÇA ARBORIZAda, estacionando o seu carro próximo à rua em que, pelas indicações do doutor Jorge, deveria estar localizado o agrupamento espírita.

Desceram os três.

– É aqui! – informou Ruiz, após alguns passos, olhando para uma pequena placa indicativa do agrupamento espiritista. – E parece... que tem gente!

Entraram, como estranhos, com certo receio.

Ismênia, obreira da casa, ao vê-los adentrar, contraídos e desconfortados, foi ao encontro daquela família, acolhendo-os e descontraindo-os.

Ruiz via as paredes nuas. A uma indicação de Ismênia, sentaram-se num compartimento reservado, onde poderiam ficar à vontade.

– O doutor Jorge recomendou-nos!

Ismênia sorriu.

– Ah! O nosso bom e querido amigo!

E, sem receios, ora um, ora outro falando – narraram, à atenciosa e calada ouvinte, todos os lances de sua desventura, apercebendo-se de que ela lhes oferecia ouvidos atentos.

Manolo encostou-se em Ismênia.

✻ ✻ ✻

– Como vencer a crise? – indagou Isabel, já num tom de fraterna intimidade. – Terei aqui a medicação necessária, como nos afirmou o doutor Jorge?

— Filha — disse-lhe Ismênia, tomando, entre as suas, as mãos daquela jovem mãe sofredora —, temos em Jesus o Médico Divino, e, naturalmente, vocês terão, em suas próprias vontades, a alavanca que poderá remover todos os obstáculos e dificuldades desta hora.

— Não... compreendo! — confessou Ruiz de Valência. — Sinceramente, não compreendo!

Ismênia, indicando-lhes Manolo, indagou:

— Vocês não amam este menino?

— Infinitamente — respondeu Isabel. — Infinitamente, Ismênia!

E, com singeleza, a servidora de Jesus complementou:

— Amem a todos, portanto, sejam amigos ou inimigos, por meio deste mesmo amor com que vocês dão vida e graça a seu filho e, podem crer, isto lhes bastará!

E, diante dos surpresos pais, afirmou convicta:

— O amor tudo pode!

***

Ismênia, que lhes parecia radiosa benfeitora,

introduziu-os à câmara de passes e, ali adentrando, já realimentados de esperança e de fé, cada um deles ocupou singela cadeira.

Colaboradores dedicados, a um sinal de Ismênia, ergueram as suas mãos por sobre a cabeça de cada um deles, envolvendo-os num eflúvio generoso e renovador.

Isabel derramou lágrimas, comovida.

Sentiu-se tocada, no fundo de sua alma, por alguma energia desconhecida e que lhe reergueu o ânimo, devolvendo-lhe a vontade de viver e de superar-se.

Estremeceu ligeiramente.

Sentiu que alguma coisa se aproximava dela e, sem mais temores, embora perplexa, ouviu, no silêncio de sua oração:

– Não me odeie, Isabel!

Isabel caiu em pranto!

Estremeceu de emoção, mas não temeu aquela voz que mais lhe parecia, agora, com o clamor de um náufrago que busca alguém que o salve da procela!

32

CULTO DO EVANGELHO

— Mãe... Mamãe! — chamava o garoto, entrando pela cozinha. — Mamãe!

— Que foi, filho?

— A tia Ismênia chegou!

Isabel enxugou as mãos no avental e, depois de retirá-lo, tomou Manolo pela mão e foi à porta da entrada.

— Oh! Ismênia! – exclamou jubilosa, passando por um corredor ladeado de rosas e abrindo o portão. – Entre, querida!

As duas se abraçaram fraternalmente.

Manolo recebeu um beijo.

Com o garoto no meio, dando-lhes as mãos, ganharam o interior da sala.

※ ※ ※

— Neste primeiro Culto do Evangelho, em meu lar – disse Isabel, com humildade –, rogo-lhe, Ismênia, que faça a prece inicial.

A visitante concordou.

Contritas, serenas, com o menino a mergulhar no mundo das orações, Ismênia rogou:

— Senhor e Mestre! Rogamos pela Sua misericórdia divina, envolvendo-nos na luz de Seu coração e acolhendo-nos em Seus sublimes braços, no doce lar desta Sua mais nova obreira.

"Permita, assim, que Seus Enviados se façam

presentes, junto a esta família, e que nos inspirem para que aprendamos a fazer a Sua vontade, Senhor!"

Silenciou Ismênia, em lágrimas!

Sentia-se como se uma brisa amena as envolvesse por todos os lados, e que o perfume das rosas do jardim entrasse pelo lar e se derramasse sobre todos.

Isabel suspirou feliz.

– Ismênia – quase sussurrava a medo Isabel –, o nosso Manolo me pediu se pode fazer a leitura do Evangelho hoje!

– E por que não?! – sorriu a interpelada.

– Se o Senhor nos alertou que deixássemos ir a Ele as criancinhas, por que impedir o nosso Manolo de ler o Evangelho?

E estendeu o livro ao garoto.

Ele, mais que rápido, com ambas as mãos, apanhou o exemplar de O Evangelho Segundo o Espiritismo, que a boa senhora lhe confiava, e, tomando uma posição séria, abriu-o ao acaso.

Circunspecto e em voz infantil, leu:

– Alguns, portanto – iniciou –, levam consigo ódios violentos e desejos de vingança muito vivos. Entre estes, alguns são mais evoluídos, o que lhes permitirá entrever uma partícula da verdade no Mundo dos Espíritos. Reconhecem, então, os funestos efeitos de suas paixões e são induzidos a tomar boas resoluções. Compreendem que, para chegarem a Deus, só existe um caminho: a caridade.

Manolo fez ligeira pausa e completou a leitura:

– Não há, porém, caridade sem esquecimento das ofensas e das injúrias; não há caridade com ódio no coração e sem perdão.

Silêncio, com admiração e reflexão.

O garoto, que se revelara tão profundamente compenetrado na leitura e na participação daquele encontro, voltou-se curioso para Ismênia.

– Que é perdão, tia?

Isabel estremeceu involuntariamente.

Ismênia, apercebendo-se da presença de Espíritos Amigos, sentiu-se intuída, deduzindo que a questão do perdão era fundamental naquele lar.

– Manolo – informou atenciosa –, o Evangelho, também conhecido por Boa-Nova, ensina-nos que o amor cobre a multidão de nossos erros pessoais.

Ligeira pausa, e completou.

– Perdoar é esquecer o mal. E quem perdoa, esquecendo o mal e avivando o Bem, recebe do Pai Celestial, na simpatia e na cooperação, o alvará de libertação de si mesmo, habilitando-se a sublimes renovações.

Nova pausa, e Manolo atento.

– É tão sublime o perdão – complementou Ismênia – que o nosso Divino Mestre, após ser perseguido e caluniado, nos braços da Cruz, afirmou: "Pai, perdoa-lhes, porque não sabem o que fazem."

33

VISITA NA ESPIRITUALIDADE

A NOITE CAÍRA COM SOPROS REFRESCANTES.

Ruiz ressonava, e Manolo dormia.

Com meio copo d'água na mão, olhos a esquadrinhar estrelas no céu, Isabel se deixava envolver em meditação profunda e renovadora.

Agradava-lhe as mudanças no lar.

Passara a sentir Ruiz de Valência muito mais integrado em seu ideal de vida, sentindo-o por companheiro fiel e amoroso, dedicado e paciente pai.

Sorriu, serena.

Lembrava-se de seu filho, Manolo, quase um homenzinho, a ler, absolutamente compenetrado, o Evangelho.

Reouvia-lhe cada palavra.

"Que é o perdão, tia Ismênia?"

Estremeceu diante da lembrança da grave questão levantada por seu filho! Teria sido ele porta-voz de alguém?

"Todos somos médiuns", recordava-se de uma das advertências de Ismênia. "E quando o Alto não nos alcança por meio dos adultos, vale-se de crianças para despertar-nos à Vida."

***

Isabel acomodou-se no leito, ao lado de Ruiz.

Seus olhos varejavam o teto, pensativa, quase sem sono, recolhendo, em cada detalhe do que via, algo em que repensar.

"Aí não há estrelas!", pensou e sorriu.

Virou-se, bocejando.

A porta do dormitório fez-se transparente, e uma profusão de luzes a tudo envolveu, colocando-a em suspenso.

– Vem comigo! – convidou-a, oferecendo-lhe uma mão o Espírito de uma nobre senhora.

Isabel se deixou levantar.

Abandonando o corpo, agora mergulhado em refazimento de energias salutares, durante o sono, Isabel indagou:

– Quem... é você?

– Sou Maria de Jesus!

– Eu... deveria conhecê-la?!

A senhora sorriu.

– Conheço o seu lar, Isabel! Nada tema, já que estou a procurar-lhe em nome de nosso Mestre e Senhor!

– Devo... seguir-lhe?

Maria confirmou, oferecendo-lhe a destra.

***

Isabel mostrava-se espantada.

À pequena distância, entre as sombras daquela região espiritual, via um edifício de aspecto sóbrio, ar convidativo, que cintilava em luzes amenas.

Isabel tocou o braço de Maria.

– Que... é aquilo?

– O Abrigo dos Castilhos – e complementou – é uma espécie de hospital, onde acolhemos Espíritos que já alcançaram condições de reajustar-se aos padrões do Bem.

Vieram alguns vigias a recebê-las.

Isabel, algo hesitante, deixou-se conduzir, subordinada à segurança que lhe inspirava Maria de Jesus.

Adentraram por extensa enfermaria.

A cada passo, Isabel estremecia e, não raro, deixava-se banhar por lágrimas de piedade, diante dos leitos em que se deparava com corpos deformados, traços sub-humanos.

Maria, discreta, observava-lhe as reações.

Detiveram-se diante de um outro leito.

Isabel, num gesto espontâneo, sentiu-se atraída e se aproximou, demorando-se a examinar alguém de corpo tão disforme, que lhe parecia ser uma vítima de graves queimaduras.

Dessa criatura, subiam gemidos profundamente dolorosos.

Envolvendo-se no quadro de tão intensa dor e desolação, Isabel sentou-se à cabeceira daquele enfermo e, num gesto de ternura, venceu a repugnância, enxugando-lhe o suor que descia por entre as crostas de sua pele requeimada.

O doente estremeceu.

Abriu os olhos e, submisso e padecente, rogou:

– Não... me... odeie, Isabel!

34

VISITA MÉDICA

DOMINGO DE MANHÃ.

Raios brandos de sol varavam pelas frestas de portas e janelas, no silêncio daquele lar.

Cantos de pássaros saltitantes.

Isabel abriu preguiçosamente os olhos.

Estava só no leito.

Ouviu ruídos na cozinha e sabia que Ruiz, como fazia em seus dias de folga da oficina, estava a preparar o café da manhã, em companhia de Manolo.

Ela se espreguiçou, lânguida.

Ouviu o riso do garoto.

Súbito, sentou-se, espantada!

O cheiro forte de café encheu-lhe a boca d'água e lhe provocou um mal-estar repentino e uma vontade súbita de vomitar.

Balançou a cabeça, querendo controlar-se.

Na boca do estômago, uma forte queimação, que a fez levantar-se e a levou a atravessar pela cozinha rapidamente.

– Bom dia, mamãe!

Ela, muda, trancou-se no banheiro.

A mesa estava pronta para o desjejum matinal, e, diante da demora da esposa, Ruiz estranhou e levantou-se, batendo à porta do banheiro.

– Isabel! – chamou-a o esposo.

Ela ressurgiu pálida, trêmula, quase angustiada.

– Você... não está bem?!

* * *

O doutor Jorge, que viera, chamado às pressas, terminou o exame de Isabel, feito no próprio leito do casal, e, tranquilo, guardou o estetoscópio.

Ruiz, que a tudo acompanhara, extremamente tenso, intranquilo e apreensivo, não conseguiu se segurar e indagou;

– Então... doutor?!

O médico sorriu, batendo-lhe no ombro.

– A doença – revelou Jorge, com extrema serenidade – é... uma criança a caminho de seu lar, Ruiz.

Ruiz suspirou fundo e relaxou.

– Mas... eu me sinto tão mal, doutor! – objetou Isabel. – E, quando da gestação de Manolo, jamais registrei estas estranhas sensações!

Jorge sentou-se à cama, ao lado de Isabel.

– Não há duas gestações, da mesma mãe, que sejam exatamente iguais, Isabel – ponderou Jorge, pacientemente. – E, para vocês que se aproximaram da Doutrina dos Espíritos, posso afirmar-lhes que a genética, embora com seus avanços, ainda não descobriu os fatores da alma, na semente de uma vida nova. E, por isso, ainda não se leva em conta a decisiva influência do Espírito que há de renascer.

E, após ligeira pausa, inteirou:

– Sabemos nós, com os conhecimentos espíritas, que, acima do automatismo da fecundação, está presente alguém que ressurge do passado e que será o molde do novo corpo físico.

– Não é como se fosse um outro Manolo?! – interpelou Ruiz, diante do silêncio e do ar de contrariedade de Isabel.

– Não! Não é apenas um outro filho – confirmou Jorge. – É um outro ser, que traz outras disposições e outras necessidades, e, como cada um é herdeiro de si mesmo, é portador, igualmente, de outros traços!

Isabel acariciou o próprio ventre, pensativa.

– Será... bem-vindo! – assegurou, embora não se sentindo confortável – Bem-vindo, sim!

A gestante ficou só.

***

Manolo entrou no quarto.

Vinha tão em silêncio que Isabel, de rosto voltado para a janela, sequer enxugou as lágrimas que lhe banhavam o rosto, nem escondeu um profundo suspiro de insegurança.

– Você... chora... mamãe?!

– Oh! Manolo – desconcertou-se a mãe amorosa, trazendo as mãos de seu filho a seus lábios e beijando-as enternecida. – Você vai ter um irmãozinho!

O menino reclinou-se ao leito.

– Ele já está aqui! – e Isabel levou a mão direita de Manolo a seu ventre.

O menino, mal roçando o ventre materno, retirou a sua mão às pressas, espantado, quase num movimento instintivo de rejeição.

– O... que foi, filho?

Manolo, arrepiado, respondeu:

– Tem... fogo na sua barriga!

_# 35

ORIENTAÇÃO

Isabel sentia-se constrangida.

Dentro de seu coração, instalara-se um confronto agressivo com o filho que estava sendo gerado em seu ventre, e isso a deixava atônita.

Orava angustiada, querendo renovar-se!

Surpreendia-se, no entanto, em aberta rejeição e, comparando aquele seu estado emocional com a ventura de que se deixara possuir quando da gestação de Manolo – sentia-se esmagada!

— Por que, Ismênia? – indagava.

Ismênia estava compenetrada.

Compreendia a extrema fragilidade espiritual de Isabel e sabia que deveria ajudá-la a refundir e aprimorar o quadro de seus sentimentos.

— Mal consigo pensar nele!

— Filha – ponderou sabiamente a experiente senhora, nem sempre somos chamadas a abrigar anjos em nosso lar. Também os que faliram e que trazem chagas abertas, resultantes de quedas espirituais espetaculares, são igualmente filhos do mesmo Pai Celestial.

Estabeleceu-se longa pausa.

— Os falidos também tiveram mães, e, muitas dessas mães, na espiritualidade, buscam abrigos seguros aos corações que sempre amaram e os querem vê-los redimidos.

"Essas mães rogam, comumente, a intercessão de Jesus e, quando necessário e oportuno, o nosso Mestre busca, no seio de nossa humanidade, as heroínas do amor, capazes de renúncias santificantes."

"Quem muito aprendeu a amar é canal de redenção aos que se arrojaram aos abismos de dores monumentais."

Isabel estremeceu, em lágrimas, confessando:

— Tenho orado tanto, Ismênia!

— E prossiga orando por ele, Isabel. Não faça da prece, contudo, uma espécie de fuga de problemas e nem busque, no seu colóquio com Jesus, uma isenção da dor necessária!

"A oração deve ser a busca de energias para vencer-se."

A jovem baixou a cabeça, contristada, qual erva tenra incapaz de vencer as intempéries que viessem visitá-la.

— Sou... fraca! — confessou a medo.

— Jesus não pensa assim a seu respeito, Isabel! Tanto é que, se as suas apreensões não passarem de mera confusão de seus sentimentos, Ele a está convocando a um calvário santificante, porque confia em sua ternura maternal.

* * *

Isabel, ponteando peças de enxovaizinhos, no Grupo Espírita, destinadas a crianças pobres, enquanto Ismênia se distanciava para atender casos delicados e sérios, já respirava mais confortada.

— Venha ajudar-me nos passes!

Isabel fitou Ismênia, perplexa.

— Eu?! — como que protestou a jovem. — Com meu ânimo, creio que levarei a minha perturbação, deixando os doentes mais doentes! Estou tão confusa... tamanha é a minha confusão!

— Levante-se, Isabel! O trabalho no campo do Bem é a nossa verdadeira terapia! E, se Jesus rebanhasse apenas Anjos, para a manifestação do Amor, jamais teríamos a oportunidade de nos regenerarmos!

— Pensei... até... em deixar tudo! Pelo menos, até depois do parto!

— E não pensou certo! Se você pretende,

desde cedo, dar amparo a quem Jesus lhe confiou, não abandone jamais os deveres cristãos.

Esvazie o seu coração de fel. Não agrave o seu estado cultivando sombras dentro de sua alma... E não se confie aos maus conselhos do desculpismo, Isabel!

Longa pausa.

– Se você quiser manter-se no equilíbrio mental necessário, esqueça um pouco de você mesma e confie na Providência Divina. E, a partir de agora, faça as pazes com você e se reintegre ao serviço de Jesus, caminhando sempre, enquanto haja Luz e esperança, a fim de que você não se esgote em sombras de desesperação.

A jovem futura mãe ainda se recordou de Manolo a tocar-lhe o ventre, confidenciando a Ismênia:

– Meu filho... disse-me sentir fogo ao tocar em meu ventre!

– Jesus é o Divino Bombeiro! – sorriu Ismênia.

E Isabel retomou as atividades assistenciais.

# 36

SEGUNDO FILHO

Ruiz, com Manolo a seu lado, estava visivelmente nervoso, intranquilo, ali na sala do hospital.

Viu a entrada do doutor Jorge.

Correu a seu encontro.

— Será... outra cesariana? – indagou, de súbito.

Jorge sorriu.

– Por tudo que vimos, será parto natural.

– Graças a Deus, doutor!

– Aguarde aqui – indicou o médico. – E procure tranquilizar-se, que vou atender Isabel, já que me comunicaram que o trabalho de parto começou.

– Vá... Vá logo, doutor!

※※※

Doutor Jorge adentrou a sala de parto.

– Tudo bem? – inquiriu, em baixa voz, à parteira e, já voltando a Isabel, na mesa de parto. – E com você, Isabel, tudo bem?

A resposta foi um aperto nervoso sobre a mão do médico, seguindo-se-lhe uma respiração compassada e forçada.

– Posição normal, doutor – informou a parteira, assim como alguém que seguisse a uma infalível rotina. – E logo estará despontando a cabecinha.

Jorge supervisionava, atencioso.

Indagava, a si mesmo, no silêncio de seus pensamentos, quantas teriam sido as crianças que assistira a vir à luz do mundo.

– Tantas! Tantas!

A parteira já segurava a cabeça da criança para baixo, em seus braços bem treinados, aguardando que o muco lhe saísse da boca e da garganta.

– É um menino, doutor.

Escoaram alguns segundos.

– Doutor Jorge! – chamou apreensiva a parteira. – Ele... não respira!

– Rápido – comandou Jorge. – Esfregue as costas dele com uma toalha!

O médico sentiu-se apreensivo.

A parteira esfregava as costas do menino.

– Mais de quarenta segundos, doutor – alertou a enfermeira-chefe. – Miriam... a pera de borracha! Rápido... Retire o muco do nariz e da boca!

– Doutor, nada! Um minuto, agora!

– Respiração boca a boca! – agitou-se Jorge, falando sempre em sussurros para evitar de levar intranquilidade a Isabel, que, agora, repousava, largada e exausta.

O próprio médico apertou, com extremos de cuidado, as narinas do bebê, forçando-lhe a cabecinha para trás e cobrindo a boca da criança com a sua, soprando-lhe boca adentro, sem violência.

E repetiu!

E repetiu!

– Dois minutos e trinta segundos – alertou a enfermeira-chefe. – E ele ainda não respira!

– Mais um pouco... e óbito – uma delas murmurou.

Jorge porejava, definindo todo o quadro clínico em sua imaginação e surpreendendo-se a reouvir as aulas de quando ainda estudante de medicina:

"Quatro minutos!" pontificava seu professor. "Quatro minutos apenas e não haverá mais vida, se não ocorrer a respiração! Vejam, pois, quão frágeis somos!"

– Oh! Deus! – clamou o médico.

O peitinho da criança arfou.

Um alívio geral.

E, de súbito, o bebê entrou em convulsões, estertorando, debatendo-se e... soltando o corpinho quase inerte.

– Anoxia! – vaticinou Jorge, combalido.

A enfermeira-chefe aproximou-se.

– Não se sente bem, doutor? O que foi?

Os olhos do médico estavam fixos no menino e, quase a falar consigo próprio, repetiu e explicou:

– Anoxia! A insuficiência do oxigênio... provocou danos irreparáveis aos tecidos do cérebro deste bebê!

✳✳✳

Algumas horas se passaram.

Jorge, abatido, energias desgastadas na luta pela nova vida, entrou com o bebê, em seus próprios braços, no apartamento hospitalar onde já se encontravam Ruiz, Isabel e Manolo.

– O parto foi natural! – anunciou aos três, que o fitavam expectantes. – Mas... a respiração não foi normal, não!

O bebê teve uma nova convulsão, ali nos braços de Jorge, antes mesmo que o entregasse ao colo materno.

– Convulsões... e retardo mental!

✳ ✳ ✳

– Mamãe! – chegou-se Manolo junto ao leito da mãe e, apontando a criança, indagou: – Este... é o meu irmãozinho?

A mãe, em lágrimas, confirmou.

E, diante de um Ruiz amargurado e de uma mãe nas primeiras lágrimas de um longo e doloroso calvário, o jovenzinho Manolo, num tom de doce intimidade, tocou as faces do recém-nascido, dizendo com interesse e ternura:

– Este... é Damião, meu irmãozinho!

37

CONFLITOS

RUIZ DE VALÊNCIA ESTAVA TACITURNO.

Na sala, solto no sofá, fechara o livro, cujo as páginas percorrera com os olhos absortos, sem se fixar na leitura.

Sentia-se amargo e esquecido.

Desde o nascimento de seu segundo filho, Damião, pouco a pouco viera a sentir-se à margem, como que esquecido, dentro da casa que lhe fora um lar!

"Minha estação de refazimento", pensava e arfava, quase a não conter as lágrimas nos olhos.

"E, hoje, estou num deserto de ternura."

Sentia perder Isabel!

Aquela que lhe fora companheira e carinhosa amiga, nos instantes difíceis de seus primeiros anos de vida conjugal, agora estava distante, dividida.

Orientava com desvelo o agora jovem Manolo.

Entregava-se ao amparo de Damião que, além das frequentes convulsões, parecia alguém a parasitá-la, escravizando-a à beira do leito.

E ele?! Onde ficava Ruiz?!

O amargor invadiu-lhe, novamente, a alma!

Com o dobrar das horas de trabalho na oficina, para obter mais recursos amoedados, estava esgotado em suas energias e se via solicitado apenas a saldar dívidas de médicos e farmácias.

"Contas... Contas... Contas..."

E Isabel, dia a dia mais distante, deitando-se exausta!

Cerrou as pálpebras.

Suas faces receberam um banho de lágrimas silenciosas, o peito quase a estourar em soluços longamente contidos... e, em se sentindo só, chorava.

Manolo, que entrara desavisado na sala, testemunhava a silenciosa angústia de seu pai, lendo-lhe, na fisionomia amargurada, todos os sinais de torturante dor afetiva.

Recuou, discreto!

※ ※ ※

Manolo ajoelhou-se rente ao leito de Damião e, envolvido em seus próprios pensamentos, reviu, na tela de sua imaginação, o calvário paternal e, quase em gesto automático, enxugou a baba que escorria da boca de seu irmão enfermo.

Em silêncio, fitava-o, enternecido!

"Como ajudar a papai, Damião?", murmurava o jovem. "Ele... se sente só, em grande desencanto... E nunca o vira chorando!"

"Como ajudá-lo?"

Manolo, de súbito, estremeceu.

Fitou o irmão que, num esforço incomum, olhos cintilantes, tomara a sua mão e a apertava, quase em desespero.

– Damião!

E, naquele transe, estabeleceu-se a comunicação de alma para alma, entre os dois irmãos, sem palavras articuladas, e o jovem registrou a manifestação de seu irmão enfermo:

"Manolo, tenho consciência! Sei quem sou... Sei quem somos! E tenho chorado, na forma de convulsões, agradecendo a Jesus a oportunidade que Ele me concede e que... não fiz por merecer!"

Espantado, o jovem pensou estar em delírio.

Diante de seus olhos, contudo, corporificava--se, num clima de luz, uma outra figura masculina.

– Você não delira, filho meu! – assegurou Fernando de Castilhos. – Somos sombras ou luzes, ressurgindo de um passado obscuro, para aprendermos a reescrever o presente.

E Manolo, sentindo a mão daquele Espírito a tocar-lhe firme no ombro, soluçou.

"Conforte o nosso Ruiz!", ouviu de Damião. "Ampare a nossa Isabel e ensine-a a não centralizar em mim todo o seu afeto, já que a bênção do amor deverá ser repartida com todos!"

Damião, pela primeira vez, banhou-se em lágrimas.

"O amor com que você e Isabel me envolvem", prosseguiu Damião, "reajusta-me para encerrar esta etapa de expiações... e prepara-me para as provações necessárias, com as quais buscarei redimir-me."

Damião, num esforço incomum, apertou mais a mão de Manolo e, em seguida, afrouxou-a, qual se se despedisse daquele seu benfeitor e, detendo-se comovido em Fernando de Castilhos, voltou-se a Manolo:

"Ame a nosso pai e... beije-o, com ternura, em meu nome e em nome de Jesus!"

Os olhos de Manolo marejavam.

Fechou-os, num transe de gratidão, de carinho, de profundo amor e, ao reabri-los, deparou-se com Damião em convulsão mais branda.

38

LUZES ESPIRITUAIS

PRIMEIRAS HORAS DA MADRUGADA.

Manolo, que se deitara pensando e acariciando a ideia de seu emprego de vendedor, em que fora admitido, sentia-se, ao mesmo tempo, estranhamente intranquilo.

Caía em modorra e despertava.

Sentou-se ao leito, recostando-se no travesseiro.

Uma sensação indefinível lhe tomava todo o ser, acelerando as batidas de seu coração e chegando a descompassar-lhe a respiração, tornando-a difícil.

Levantou-se.

Dirigiu-se ao quarto de Damião.

Aberta a porta, não ouviu a respiração forte, pesada, marcada por grunhidos subumanos e, incontinenti, mudou a posição do quebra-luz, clareando o pequeno enfermo.

A criança prostrada!

✳ ✳ ✳

Isabel sentou-se, assustada.

– Mamãe! Papai!

Incontinenti, ela se levantou do leito, ouvindo os apelos desesperados de Manolo, e abriu a porta.

– Damião... – disse Manolo.

E, pelas lágrimas a descerem quentes pelas faces de Manolo, Isabel pressentiu a extensão da crise e correu ao encontro do seu filho enfermo.

Fitou-o, assustada.

– Ao hospital, mamãe! – determinou Manolo.

E, enquanto Isabel mobilizava Ruiz, dando-lhe notícias do estado de Damião, o jovem Manolo, num quadro de infinita ternura fraternal, tomava o doente em seus braços, trazendo-o ao encontro de seu coração.

* * *

Madrugada quente.

Trovões e forte aguaceiro.

Ruiz, pálido e tremente, dirigia o carro a baixa velocidade, sentindo o piso do calçamento escorregadio e vendo, pelo retrovisor, minuto a minuto, o desvelo de Manolo pelo seu irmãozinho doente.

Isabel, olhar distante, chorava em silêncio, pressentindo que a vida atormentada de Damião chegava a seu final e, naquele instante, mais que nunca ela se sentia mãe daquele ser profundamente sofrido.

Pararam defronte ao hospital.

Isabel jogou o seu xale sobre Damião, para poupá-lo da chuva persistente, e Manolo saiu, abraçando a seu irmão debaixo d'água, a correr em busca de socorro.

※ ※ ※

O médico recolheu o estetoscópio.

– Então... doutor? – inquiriu Manolo, apreensivo.

A resposta foi um balançar negativo de cabeça.

– Nada mais a fazer!

Ruiz recolheu a esposa em seus braços, deixando-a a soluçar ao encontro de seu peito, enquanto seus olhos, úmidos, buscavam a distância da madrugada.

Uma enfermeira aproximou-se.

– Leve meus pais – disse-lhe Manolo, pensativo. – E me deixe aqui, orando por meu querido irmão!

※ ※ ※

Manolo chorava em silêncio.

Apercebia-se que Damião dava suspiro e se relaxava no leito hospitalar, dirigindo-lhe um longo e amoroso olhar.

– Jesus! Jesus! – clamou Manolo, descendo delicadamente as pálpebras do corpo inerte. – Acolha-o, Senhor Jesus, nos braços de Misericórdia!

O clima denso se suavizou.

Dentre as sombras espirituais que Manolo entrevira, a mover-se em torno daquele despojado leito, surgiram lampejos de luzes que, aos poucos, tomavam formas humanas.

Fernando de Castilhos destacou-se.

Nimbado de doce claridade, colocou-se diante do olhar confuso de Manolo, falando-lhe:

– Tranquilize-se, filho! – assegurou o Espírito, num tom de profunda intimidade paternal. – A sua prece chegou ao Senhor, e aqui estamos, em nome da Misericórdia a que você apelou!

– Acolha... meu irmão! Ele já sofreu tanto! Rogo-lhe ampará-lo e dar-lhe o reconforto necessário, não o deixando cair nos abismos das Sombras!

Fernando, em resposta, sorriu enternecido.

Manolo, na intimidade espiritual a que se ajustava, quando ia externar palavras de gratidão, estremecendo viu que se aproximava deles e daquele leito uma nobre senhora.

Ela depositou um longo beijo em seus cabelos e, depois, inclinando-se sobre o corpo de Damião, retirou-o do estojo da carne, trazendo, a seu colo maternal, uma alma adormecida.

Rompiam-se os laços, completando-se a desencarnação.

O jovem, profundamente grato, soluçava e, num gesto de saudade e de carinho, beijou a fronte de Damião, sentindo-se docemente envolto em luzes do Mais Alto.

– Quem é... a benfeitora? – inquiriu Manolo.

Fernando de Castilhos sorriu e informou, simplesmente:

– A benfeitora é Maria de Jesus!

39

CENA DOMÉSTICA

VOLTAVA DE VIAGEM.

Pé ante pé, Manolo aproximou-se de Isabel, junto à cozinha, onde a mãe permanecia absorta em seus trabalhos e nos retalhos de suas recordações.

Abraçou-a pelas costas.

– Filho! Que susto! – espantou-se Isabel, sob beijos e carinhos. – Boa viagem?

— Sim! Mas com saudades de casa!

E ele se sentou, atento.

— Como está papai?

— Seu pai está bem! Você sabe como ele é! Reclama de gota e, de outras vezes, queixa-se de reumatismo! E, assim mesmo, está ganhando mais peso a cada dia que passa.

Sorriram.

Isabel afagou-lhe os cabelos.

— E você, mamãe?

— Eu?! Estou bem, meu filho!

— Prossegue em suas tarefas assistenciais no Grupo Espírita?

— Claro que sim, meu filho! Lá é que encontro conforto, ao auxiliar criaturas menos felizes! São tantos os lares em ruínas! São tantas as dores a serem superadas pela resignação e pelo entendimento, sob as luzes do Cristianismo!

Os olhos do filho rebrilharam.

— Ainda... trabalha nos passes espirituais?

Ela sorriu e tomou um ar saudoso.

– Sim! E, todos os dias, naquela sala reservada à doação de amor, como que revejo o nosso Damião, naquele cesto grande em que ele repousava, e que tantas vezes você mesmo carregou, filho!

Os dois se abraçaram e, no silêncio da imaginação, numa permuta natural de imagens, reviram Damião, sorrindo, chorando, em crises.

Olhos úmidos, em lágrimas.

– Saudades dele, mamãe?

– Sim! E como não tê-las?!

– Amargura-se ainda?

Ela suspirou e confessou:

– Saudades, sim! Mas com equilíbrio de sentimentos, como me ensinou Ismênia. Sei, hoje, que lágrimas de inconformação são gotas de ácido a torturar aquele que se ausentou, dentro das disposições divinas. E sei, também, que as lágrimas do amor-saudade são um bálsamo, um alento renovador a quem se foi!

Longa pausa entre os dois.

– E você, filho? Que tristeza é essa que você esconde por trás de seus sorrisos superficiais?

– Ora... mãe!

– Eu lhe conheço bem, Manolo! E, por isso, não queira me enganar! Há um quê, no seu modo de ser, que me leva a senti-lo como alguém insatisfeito com a vida.

O jovem baixou os olhos.

– Os negócios... vão bem?

– Estão ótimos, mãe!

– Então?!

Manolo suspirou profundamente.

– Tédio, mamãe! Enfado!

E, já sem hesitação, abraçou-se ao colo maternal, qual fazia quando menino.

– Alguma coisa, aqui dentro de minh'alma, leva-me a sentir um vazio de vida – confessou o filho, sem coragem de levantar a cabeça.

E, após ligeira pausa, aditou:

— Refugio-me em livros e me perco em divagações inconsequentes! Escuto os que falam comigo e não sou capaz de ouvi-los! Desfruto uma posição quase privilegiada, em vendas, e não me sinto realizado.

O jovem soluçava.

— Perdoe-me, mamãe, por aturdi-la em meus desvarios!

Isabel acariciava-lhe os cabelos.

— Você não me aturde, filho! Não sou sua mãe por ter-lhe ofertado um corpo perecível. Sou sua mãe por muito lhe amar! E é em nome desse amor infinito que busco o fundo de sua alma.

Isabel deitou a cabeça de seu filho no colo.

— Chore, filho! Deixe que seu coração se esvazie das sensações do tédio corrosivo! Rasgue o véu do desconhecido e não se deixe abater, em tempo algum! Sofra, com resignação, já que a dor é mestra.

Ligeira pausa.

Isabel tomou, entre as mãos, o rosto do filho.

— Abrace o Bem e realize-se, meu filho!

40

SINAIS NO CAMINHO

SOL DO MEIO-DIA.

Vidros semiabertos, recolhendo o ar de fora, atenção redobrada a cada curva mais sinuosa, Manolo estava concentrado, atento, com o velocímetro do carro marcando entre oitenta e cem quilômetros por hora.

– Finalmente, você se decidiu!

Um gesto confirmativo de cabeça.

— Sim, Rogério! Tomei o seu conselho e quero ouvir e ver esse médium Domingues.

— Ele é notável, Manolo!

O jovem vendedor sorriu.

— Uma referência dessa, vinda de um cético feito você, Rogério, transforma-se num instigante desafio de esperança.

— Você verá que fiquei aquém da verdade ao descrever-lhe as virtudes de amor fraternal... que você testemunhará com seus próprios olhos, ao lado de Domingues.

Manolo estremeceu ligeiramente.

Sentia algum desconforto.

Acelerou o veículo um tanto mais, à frente de forte subida e, ao mesmo tempo, sentia as mãos úmidas, segurando o volante.

— Abra o Evangelho e... leia em voz alta, Rogério!

— Quê?! — espantou-se o amigo.

– Sinto-me angustiado, Rogério... e sem causa justa! Leia o Evangelho a fim de que me volte a paz e a segurança interior.

O amigo o atendeu:

"O verdadeiro homem de bem é aquele que pratica a Lei da Justiça, do Amor e da Caridade, na sua maior pureza. Se interroga a sua própria consciência sobre seus próprios atos, ele se pergunta se não violou essa Lei, se não fez o mal, se fez todo o bem que podia, se deixou escapar por vontade própria alguma ocasião de ser útil, se ninguém tem do que se queixar dele, enfim, se ele faz aos outros tudo o que queria que os outros fizessem por ele."

Manolo lembrou-se das leituras de sua juventude!

Sentia-se, agora, como se estivesse à mesa de seu lar, com Isabel à sua frente... com a ternura de Ismênia, que lhe acompanhava, palavra por palavra... com seu pai, em modorra, a pequena distância!

Sentiu lágrimas, recordando-se de Damião no leito.

Um ônibus o alcançou.

Mantendo-se na pista da esquerda, Manolo reduziu ligeiramente a velocidade, deixando que o ônibus tomasse distância, após terem corrido emparelhados, na descida, por alguns minutos.

O ônibus tomou a dianteira.

E, de súbito, do acostamento à direita da pista, Manolo viu um homem de meia-idade, que se projetou à frente de seu carro.

Pisou no freio!

Viu o rosto transtornado do transeunte e... pressentiu o atropelamento inevitável... e o corpo humano que se ergueu contra o capô... com uma nuvem leitosa que lhe pareceu estilhaços de vidro.

O veículo se imobilizou.

O corpo do transeunte caiu sobre a pista, despencando-se do capô, e o ônibus estacionou no acostamento, alguns metros após, com motorista e passageiros descendo em correria.

Manolo estava sereno!

※※※

– Esse homem é um louco! – vociferava e gesticulava o motorista de ônibus. – Eu vi... Ele se jogou à frente de seu carro! Eu vi!

O atropelado chorava.

Num inaudito esforço, arrastava-se sobre o asfalto, indo ao encontro das rodas do veículo, e, colocando-se de través, balbuciava palavras ininteligíveis, suplicando a Manolo:

– Mate-me! Atropele-me!

Manolo comoveu-se, em lágrimas.

Colocando a mão no ombro de seu amigo, Rogério aconselhou:

– Vamos levá-lo ao hospital mais próximo! Eu dirijo o seu carro, meu amigo!

Acomodaram o acidentado no banco traseiro, e Manolo, sentindo-se envolvido num clima espiritual harmônico, tomou a cabeça do homem no colo, procurando tranquilizá-lo.

Examinava-o surpreso e com os pensamentos voltados a Jesus.

Nenhum corte profundo. Apenas ligeiros arranhões, que sofrera ao despencar-se do capô do veículo!

Quando lhe passou a mão pela cabeça, para recompor-lhe os cabelos desalinhados, sentiu que a pele dele era feita de crostas!

Um leve odor de carne queimada!

✷ ✷ ✷

Vocês estão liberados – informou o prestativo guarda rodoviário, após ter saído da enfermaria. – Se quiserem prosseguir viagem, podem ir!

– Obrigado! – agradeceu Rogério, apertando a mão do guarda rodoviário e, voltando-se a Manolo, convidou-o: – Vamos em frente?

– Na volta, visitaremos o nosso doente!

41

O MÉDIUM

CAIR DA TARDE.

Já exaustos, saíram da estrada, entrando pela cidade.

A placa indicava: Largo da Matriz.

Manolo dirigia o carro lentamente, observando tudo à sua volta e contornando a praça singela, bem ajardinada, canteiros de rosas que lembravam seu lar.

Estacionou diante do hotel!

— Ficaremos aqui? — indagou a Rogério, enquanto examinava a fachada do prédio antigo. — Aqui mesmo?

— Sim! Reservei um quarto!

Bagagem reduzida à de mão, com experiências de múltiplas viagens, atenderam a burocracia das fichas na portaria e, em seguida, subiram ao alojamento.

— Antes... um banho! — afirmou Rogério, com a toalha à mão.

Manolo jogou-se à cama.

Mãos à nuca, estendido, cansado, ouvia o barulho da água do chuveiro e demorava-se a esquadrinhar o teto.

Já vira tantos e tantos!

***

Manolo estava ligeiramente ansioso.

Descera antes e, na porta do hotel, observava os transeuntes a tomarem múltiplas direções e, distraído, inquiria-se em silêncio: "Quantos destinos! Quantos caminhos a se cruzarem e a se descruzarem! Quem são estes? Aonde se encontrarão e aonde se separarão?!"

– Vamos? – convidou Rogério.

E, sem mais palavras, tomaram o veículo.

– Siga reto – recomendou Rogério, indicando a ladeira à sua frente. – E, lá no alto, entre à direita!

À direita, terminava o calçamento.

Adentraram a um bairro visivelmente pobre.

E, sob orientação de Rogério, rodaram por ruas de terra solta, levantando fina poeira e cruzando com pobres criaturas que retornavam ao lar, com marmitas sob o braço.

– É lá! – despertou-o Rogério, mostrando-lhe modesta edificação, quase no centro daquele vilarejo paupérrimo.

Estacionaram o carro a poucos passos.

Ruas sem luzes, casas com lamparinas de querosene.

***

Entraram.

Salão simples, quase rústico.

Piso de cimento áspero.

Bancos de madeira distribuídos por todas as partes e algumas velhas cadeiras em torno de grande e forte mesa.

Manolo a tudo esquadrinhava, examinador atento.

Conversação descontraída, em baixo e respeitoso tom, criava um contraste entre a alegria genuína de corações que se amam e o clima de absoluta simplicidade.

Muitos entravam e se assentavam.

– Onde... está Domingues? – indagou Manolo.

– Lá, na ponta desta fila!

Manolo esquadrinhou de longe.

Súbito, Domingues ergueu a cabeça, após ter acarinhado a uma criancinha doente, e seus olhos se cruzaram com os de Manolo.

O jovem estremeceu.

Sentiu-se tão envolvido pela suave energia daquele olhar sereno que algo se libertou dentro de seu peito opresso, trazendo-lhe lágrimas dulcificantes a seus olhos.

"Quem... é esse Domingues?", refletia, rebuscando informações em sua própria memória. "Parece-me... alguém tão familiar."

E a fila caminhava, lenta.

A cada passo, sentia-se mais próximo daquele médium do amor, com o coração a saltitar, quase a sair-lhe pelos lábios, deixando-se dominar por uma força profundamente estranha.

Voltando a cabeça, procurou localizar Rogério, que deveria apresentá-lo a Domingues, mas o entreviu, a distância, numa roda de colaboradores daquela instituição.

– Manolo! – o jovem ouviu e estremeceu. – Manolo, vem ter comigo!

Era Domingues a chamá-lo, de braços abertos... e ele se entregou por inteiro àqueles braços, em pranto quase convulsivo.

42

MENSAGEM DO ALÉM

A LUZ DE UM NOVO DIA.

No leito, Manolo contou, uma a uma, as sete badaladas do relógio da matriz e ainda conferiu no seu relógio de pulso.

Levantou-se lépido.

Arrancou o sonolento Rogério ao salão de café e estava tão ansioso que ele próprio deixou de fazer o seu desjejum e apressava o amigo, consultando o relógio, minuto a minuto.

— Calma! Calma! Chegaremos a tempo, Manolo. Afinal, depois de ter saído do agrupamento na madrugada... voltar agora a Domingues, precisa ser um atleta!

— Mas... é uma oportunidade única!

Rogério, sonolento, tomou assento no carro, admirando-se da disposição de Manolo e surpreendendo-se pela nova vitalidade que ele externava.

"O encontro fez-lhe bem!", matutava.

***

Apenas oito pessoas.

Domingues, repleto de disposição, entrou pelo singelo salão, abraçando e beijando fraternalmente a cada um dos convidados.

— É uma reunião íntima — justificou-se a Manolo.

E, enquanto os demais se confraternizavam,

até o momento marcado para o encontro espiritual, Domingues, mais solto e ainda próximo de Manolo, informou-lhe em baixa voz:

– O acidentado vai bem!

O jovem estremeceu!

Nada dissera a Domingues, nem sequer cogitará de importuná-lo com a ocorrência na estrada.

– Em verdade – aditou Domingues com naturalidade –, aquele nosso irmão buscava impor, a si mesmo, uma morte prematura. E, a pedido da mãe dele, junto a nossos Superiores, uma caravana de Espíritos Socorristas que fora posta junto da rodovia o vigia em tempo quase integral.

Pausa longa.

– O Evangelho, lembrado a você, minutos antes do incidente, era o clima necessário para que a tentativa de fuga do corpo físico se frustrasse.

O jovem baixou a cabeça, sensibilizado!

– Não! – aditou Domingues. – Não existe

o acaso! O choque de quase morte e a providencial internação hospitalar hão de proporcionar ao nosso Edvaldo uma revisão de objetivos, e, com isso, ele valorizará os lances redentores da própria reencarnação.

— Tenho... planos de caridade! – externou Manolo.

Domingues fitou-o enternecido.

— Caridade como expressão de amor divino por todas as criaturas e que deve germinar em cada um de nós... não se planeja, Manolo!

E, após ligeira pausa, complementou:

— Realiza-se a caridade estimulado pelas circunstâncias, Manolo. E se ficarmos a sonhar e a planear a caridade, todos aqueles que se opõem ao fermento do cristianismo-redivivo criarão obstáculos, desculpismos e decepções.

O jovem quedou-se, pensativo.

— Consulte-se, Manolo! Aprofunde o exame de você mesmo e, longe de se deixar sepultar pelo enfado, pelo tédio, pelo derrotismo, deixe que o

Bem seja seu primeiro impulso e que se faça a luz do bom ânimo, dentro de sua alma.

***

Silêncio e compenetração.

A prece singela, elevada por uma das companheiras presentes, mais parecia a de uma alma que se abria aos pés de Maria de Nazaré, e culminou em ondas de perfume que recompunham e nutriam os corações ali reunidos, naquela manhã radiosa.

Lágrimas discretas em todos.

Papel e lápis, à frente de Domingues, junto a compenetrado colaborador a desembaraçar as folhas no transcorrer da psicografia.

Os minutos fluíam.

O respeitoso silêncio era de todos.

E nenhum daqueles que ali compartilhavam da comunicação, entre o Mais Alto e a Terra, deixava-se perturbar pela curiosidade malsã.

Domingues descansou o lápis.

Mantiveram-se em oração, faces orvalhadas por lágrimas.

Abriu os olhos e, compenetrado, ordenou as páginas à sua frente e, após revisá-las sob orientação de seu Mentor Espiritual, ajustou-se para lê-las.

A curiosidade foi generalizada.

"Manolo, venho beijar-te as mãos e teu coração, pelo amparo misericordioso com que me envolveste, em longas noites em que sacrificaste teu conforto para confortar-me.

Não quero reviver passado secular.

Tenho aprendido, querido irmão, que, se eu quiser dessedentar-me em água límpida, na Fonte do Senhor – não devo revolver o fundo de lama de meu coração.

Se o teu amor me permitir intimidade, rogo-te, Manolo, que não te enleies em dúvidas e pesares.

Devo-te o meu reequilíbrio.

Assim, querido benfeitor, voltes ao hospital

em que abrigaste o acidentado Edvaldo e, a partir dele – que sofre a expiação do 'fogo selvagem', a consumi-lo lentamente, com as mesmas dores impostas pela Santíssima Inquisição –, ampare e salve os meus comparsas de ontem.

Rogo-te amor e perdão.

E digas a mamãe Isabel e a papai Ruiz que eu os ouvia e lhes recolhia o amor com que me orvalhavam no leito de meu reerguimento."

Domingues, comovido, doces lágrimas de fraternidade, leu o nome do comunicante:

"Damião!"

43

SACRIFÍCIOS

MANHÃ FRIA, COM LEVE NEBLINA.

O oficial de justiça chegou numa viatura de polícia, acompanhado por dois soldados.

Estacionaram e desceram.

Um caminhão, carroceria aberta, com alguns carregadores, parou diante do velho casarão, quase em ruínas, e desceram os homens com alguma apreensão.

Luís, o oficial, suspirou.

Manolo, deixando Isabel contristada, diante da entrada da propriedade que ocupavam, avançou a passos lentos na direção dos recém-chegados.

A cada passo, uma lágrima furtiva.

– A ordem do despejo – disse-lhe Luís, passando-lhe um papel timbrado e aditando. – Sinto muito... Apenas executo o meu ofício!

– Entendo, meu caro!

***

Os carregadores, também contristados, retiravam velhos armários, mesas desgastadas pelo tempo, utensílios de cozinha, quadros, cadeiras, alguns livros.

Trabalhavam em silêncio.

Isabel sentia que cada objeto retirado era doloroso retalho de sua própria alma e, enternecida, procurava consolar o filho muito amado.

Manolo retribuía o afeto maternal com um sorriso triste.

Doía-lhe que, pela terceira vez, em poucos meses, era desalojado de seu abrigo, atropelado pela revolta e inconformação de seus proprietários.

– Não quero peste em minha casa! – vociferava o último, após fazer-se acompanhado de jovem advogado. – Se eu soubesse o que você faria aqui, por nenhuma fortuna deste mundo lhe daria este imóvel em aluguel!

Foram inúteis as súplicas de Manolo.

A causa transitou em julgado, e, agora, outra vez, ali estava ele a sentir-se retaliado no coração.

Contrito, orava pelos seus enfermos!

***

O automóvel estacionou silencioso.

– Luís!

O oficial de justiça voltou-se espantado.

– Excelência! O senhor aqui, Juiz? Inspeção judicial?

– Como está transcorrendo o despejo?

– Tudo... bem! O rapaz aceitou o despejo, parecendo ovelha entregue ao sacrifício!

– Resignado?

– Demais, Excelência! Apenas que, quase em lágrimas, pediu-me uns três dias para remover os doentes!

– Os... doentes estão aí?!

– Recomendo-lhe não entrar, senhor Juiz! São poucas pessoas que, não sei por qual maldição, deixam um cheiro enjoativo de carne queimada!

– Sei, pelo que consta do processo, que são pessoas portadoras de "fogo selvagem" e... então, eles existem!... Não foram mera argumentação para ganhar mais tempo!

O Juiz deu dois passos na direção do casarão.

– Não vá, doutor – advertiu Luís.

– Se o jovem pediu três dias para remover os doentes, quero vê-los e senti-los. A justiça cega é desumana, e, para exercê-la com mínimo de equilíbrio, sempre optei por examinar o lado humano de cada caso!

E, assim, o juiz avançou, determinado.

À entrada, defrontou-se com Isabel e seus olhos avermelhados pelo pranto – estremecendo!

"Onde já vi esta mulher?", indagou-se intrigado.

Mais alguns passos.

Tocou no ombro de Ruiz, pedindo encaminhá-lo até os doentes e, atendido, acompanhou a seus lentos passos.

"Estranho! Onde já vi este homem?!"

E, dois passos a mais, estancou e empalideceu.

Sentiu-se entorpecido pelo odor penetrante de carne queimada, ao mesmo tempo em que, quase a cambalear, fitava os leitos singelos e bem cuidados, ocupados por criaturas em profundas dores.

Manolo, compassivo, dava-lhes água.

* * *

O automóvel seguia lento.

Manolo, sentado ao lado do Juiz, simplesmente aceitara o seu convite "para uma breve visita", dissera-lhe.

– Três dias, Excelência! – repetia Manolo, num tom de profundo respeito e submissão.

A estrada, afastada, era íngreme.

– Sou viúvo, Manolo!

– Como... Excelência?

– Disse-lhe que sou viúvo! E meu único filho, após grande escaramuça, abandonou-me o lar, internando-se pela Europa, e há muitos anos não tenho notícias dele!

Havia tristeza real no relato.

– Temi enlouquecer de dor! – abriu-se o Juiz, como se estivesse, primeira vez na vida, a fazer tão dolorosas confidências a velho e confiável companheiro. – Mas... superei a tudo... menos à minha solidão!

Reduziu a marcha do veículo.

Enveredou por caminho apedregulhado,

com alguns solavancos e leve poeira a envolver a condução.

Estacionou diante de uma porteira.

– Desça e abra, Manolo.

– Sim, senhor! – atendeu prestamente o jovem e retomou seu lugar, após a entrada do veículo.

Rodaram por uma alameda ladeada de flores, em meio a extenso pomar de árvores frutíferas e belíssimas espécies ornamentais.

O Juiz estacionou o carro.

– Vê este imenso casarão?

– Sim, Excelência!

– Esta é uma de minhas propriedades! Aqui acalentei sonhos de ternura... Convivi com Lavínea, o doce amor de minha atribulada existência!

O circunspecto Juiz lacrimejava.

– Aqui, meus sonhos. E, também, meus pesadelos. Fui feliz, o quanto se pode ser feliz... e extremamente sofredor, tanto quanto se pode sofrer!

Os dois desceram do carro.

– Veja quanto espaço, Manolo! Quanto ar puro... Que recanto nobre, isolado numa ilha de saudades... Quantos sonhos a realizarem-se aqui!

Uma pausa.

– Vê tudo isto, Manolo?

– Sim, doutor!

– Pois lhe entrego tudo isto a seu coração, Manolo, e à sua obra de amor aos doentes e desamparados! A uma obra que, no estreito círculo de uma família de apenas três almas, jamais pude realizar!

– Oh, doutor!

– Não, Manolo! Não continue a me chamar de doutor e Juiz, se nos fazemos parceiros num empreendimento humanitário. Trate-me simplesmente de Paco, já que sou Paco Rodrigues Vilela, seu colaborador direto, deste minuto e para sempre!

O jovem Manolo estremeceu, comovido!

***

Começaram um novo dia.

Manolo rendeu-se de joelhos.

À vista de seus pais e de Paco, seu benfeitor, fecundava aquele solo com as lágrimas que lhe nasciam do coração, repletando-lhe toda a alma numa euforia serena, harmoniosa.

Os doentes, devidamente abrigados e medicados.

Aquele recanto era agora propriedade da instituição assistencial, não mais sujeita a aluguéis, e estavam afastadas as sombras de despejos que lhe retalhavam o Espírito e que criavam obstáculos inúmeros.

Alojaria, a partir de agora, a cada novo doente de "fogo selvagem" que lhe batesse às portas, sem o risco de alguém persegui-los, condená-los e aturdi-los.

Seus olhos marejavam e sua alma buscava Jesus!

Aspirando, profundamente, fitou a placa da instituição:

ABRIGO DAMIÃO

Estremeceu, emocionado, revendo Damião a sorrir-lhe.

E, ao lado daquele seu irmão inesquecível, num halo de luz resplendente, corporificou-se Fernando de Castilhos, a envolvê-lo num clima de amor juntamente com Maria de Jesus.

Manolo, emocionado, viu Maria de Jesus ajoelhar-se a seu lado!

Sentiu-lhe a mão angelical tocando-lhe o coração.

– Aqui, Manolo – disse-lhe a nobre senhora, que sempre lhe parecera o Anjo do Amor, a indicar a amplidão da herdade –, começa o seu Calvário Redentor, com Jesus.

Os dois se abraçaram, espiritualmente, num festival de ternura!

No ano de 1963, Francisco Cândido Xavier ofereceu, a um grupo de voluntários, o entusiasmo e a tarefa de fundarem um Anuário Espírita. Nascia, então, o Instituto de Difusão Espírita - IDE, cujo nome e sigla foram também sugeridos por ele.

A partir daí, muitos títulos foram sendo editados, e o Instituto de Difusão Espírita, entidade assistencial sem fins lucrativos, mantém-se fiel à sua finalidade de divulgar a Doutrina Espírita através da IDE Editora, tendo como foco principal as Obras Básicas da Codificação, sempre a preços populares, além dos seus mais de 300 títulos em português e espanhol, muitos psicografados por Chico Xavier.

O Instituto de Difusão Espírita conta também com outras frentes de trabalho, voltadas à assistência e promoção social, como albergue noturno, acolhimento de migrantes, itinerantes, pessoas em situação de rua, acolhimento e fortalecimento de vínculos para mães e crianças, oficinas de gestantes, confecção de enxovais para recém-nascidos, fraldas descartáveis infantis e geriátricas, assistência à saúde e auxílio com cestas básicas, leite em pó, leite longa vida, para as famílias em situação de vulnerabilidade social, além dos trabalhos de evangelização infantil, mocidade espírita, artes (teatro, música, dança, artes plásticas e literatura), cursos doutrinários e passes.

Este e outros livros da **IDE Editora** subsidiam a manutenção do baixíssimo preço das **Obras Básicas, de Allan Kardec**, mais notadamente, "O Evangelho Segundo o Espiritismo", edição econômica.

LUZ NO LAR

A **Luz no Lar**, conhecida por divulgar a Doutrina Espírita através das obras do renomado autor Roque Jacintho, que, com suas letras, despertou a imaginação e ampliou o conhecimento de crianças, jovens e adultos, é um departamento do *Núcleo de Estudos Espíritas "Amor e Esperança"*.

Instituição fundada há mais de 16 anos, sem fins lucrativos, que tem por objetivo divulgar a Doutrina Espírita, através do estudo e da prática de acolhimento, principalmente entre os mais necessitados, amparando e promovendo o desenvolvimento de todos os seus voluntários e assistidos.

Atualmente, o Núcleo é composto por vários departamentos, que desenvolvem diversas atividades e projetos, com foco na criança e adolescente, bem como no fortalecimento de vínculo com familiares. Atividades como: evangelização infantil, reforço escolar, teatro, acolhimento e ajuda material às famílias, orientação educacional a gestantes, com distribuição de enxoval, leite em pó e alimentos; cursos livres de informática e inglês; oficina de artesanato, dentre outras.

Todas as atividades são voltadas para ampliar o conhecimento e resgatar a autoestima e cidadania dos participantes.

Além disso, o *Núcleo de Estudos Espíritas* desenvolve amplo programa de atividades espirituais, como: orientação e tratamento espiritual, ensino e prática do Evangelho no Lar e diversos grupos de estudos da Doutrina Espírita. Todas as atividades são abertas ao público e gratuitas.

Ainda na área doutrinária, é também responsável pelo periódico de distribuição gratuita, *Seareiro*, publicação trimestral com finalidade de expandir a divulgação da Doutrina Espírita.

Todos os livros da **Luz no Lar** são para a manutenção das atividades do *Núcleo de Estudos Espíritas "Amor e Esperança"*, que se localiza na Rua dos Marimbás, 220 – Vila Guacuri, na cidade de São Paulo.

Conheça mais sobre a instituição e seus livros, visitando nossos sites: www.espiritismoeluz.org.br e www.luznolar.com.br, ou entre em contato conosco através do telefone: (11) 2758-6345.

Núcleo de Estudos Espíritas
"Amor e Esperança"

ideeditora.com.br

✳

Acesse e cadastre-se para receber
informações sobre nossos lançamentos.

twitter.com/ideeditora
facebook.com/ide.editora
editorial@ideeditora.com.br

ide

IDE Editora é apenas um nome fantasia utilizado pelo INSTITUTO DE DIFUSÃO ESPÍRITA, entidade sem fins lucrativos, que promove extenso programa de assistência social, e que detém os direitos autorais desta obra.